이
번

생
은

초
록
빛

아끼고 고치고 키우고 나누는,
환경작가 박경화의 에코한 하루

# 이 번 생 은 초 록 빛

박경화 지음

# 저마다 소중한 삶이
# 초록빛으로 빛나도록

"작가님은 일상에서 어떤 실천을 하고 있나요?"

책 출간 후 독자들과 만나는 시간이면 어김없이 이런 질문을 받는다. 우리가 환경에 대한 지식을 쌓는 것도 중요하지만 보다 더 중요한 것은 행동하는 것이라고, 직접 실천해봐야 불편한 점은 무엇인지 더 편리한 방법은 없는지 고민하게 되고 이런 과정이 반복되어 많은 이들이 동참하게 되면 환경문제를 해결하는 해법을 찾을 수 있을 거라고 강조한다. 그러면 독자들은 나에게 질문을 던진다. 우리 집에서는 어떤 실천을 하고 있는지 궁금하다고….

그래서 이 책을 썼다. 독자들을 만날 때마다 반복해서 받는 질문에 대해 언젠가 생활 에세이로 정리해보고 싶었다. 환경 실천법이라고 하면 손수건을 사용하고 에코백을 챙기고 분리 배출을 열심히 하는 것을 쉽게 떠올린다. 물론 이런 행동도 중요하지만 환경 실천법은 지역마다 나라마다 다양하고, 어쩌면 지구의 인구수만큼이나 무궁무진할 것이다. 현재를 사는 누구나 고민하고 있으니 말이다.

무려 3년이나 이어진 코로나 대유행 때 천 마스크를 열심히 만들었던 얘기, 우리 집에서 키우던 나비란에 새순이 너무 많이 달려서 동네 사람들에게 부지런히 나눠 준 일, 집 안 대청소를 하면서 물건을 정리하고 처분했던 나만의 방식, 내 나이만큼이나 오래 사용한 물건에 대한 이야기 등 내가 경험하고 고민했던 일상의 환경 이야기를 담았다. 환경 실천법이라고 하면 불편하거나 죄책감이 들고, 뭔가 포기하거나 비장한 각오가 필요하다는 인식이 있지만 의외로 재밌고 간단하고 유쾌하고 홀가분하다는 걸 전해주고 싶다.

이 책에 담긴 이야기는 서울에서 24년을 살면서 경험한 일과, 고향 마을 근처로 이사 와 살고 있는 2년의 이야기이다. 지난 서울 생활과 현재의 경북 이야기가 번갈아 등장하니 책을 읽으면서 부디 혼선을 겪지 않기를…. 서울이나 지방이나 삶의 고민은 늘 비슷하게 이어지고, 중요한 것은 어디에 살든 우리 인생은 소중하다는 것이다.

환경 실천법에 대한 아이디어는 언제나 뛰어난 역량과 지치지 않는 열정으로 현장을 누비는 환경운동가 친구들에게 도움을 많이 받고 있다. 우리 땅 곳곳에서 환경문제를 해결하기 위해 노력하는 환경단체에서도 늘 좋은 영향을 받고 있다. 특별히 감사의 마음을 전하고 싶고 언젠가 이들을 위한 글도 써보고 싶다.

지식이나 정보로 이해하는 것에 그치지 않고 함께 행동하고 고민하고 연구하여 환경문제를 걱정하지 않는 세상이 왔으면 좋겠다. '예전에는 그런 일도 있었대', '오래전에는 환경 실천법을 다룬 책도 있었어'라고 옛이야기를 나눌 수 있는 때가 어서 왔으면 좋겠다. 이 책을 읽는 독자들의 소중한 삶이 저마다 초록빛으로 빛난다면 그날은 더욱 빨리 다가오지 않을까 상상해본다.

2024년 11월
박경화

## 1장    오래 쓰는 즐거움

## 2장    나누는 재미

# 오래 쓰는 즐거움

# 내 사랑 유리병

"유레카! 찾았다!"

이것은 정말로 대발견이다. 몇 년 만에 이뤄낸 쾌거란 말인가? 의지의 한국인이란 바로 이런 때를 말하는 거겠지?

주방에 뚜껑이 없는 유리병이 몇 개 있었다. 유리병은 반찬이나 음료 등을 담아두기에 적당하지만 철제 뚜껑을 쓰면 여닫는 동안 흠집이 생기거나 염분이나 물기 때문에 녹이 슬게 된다. 결국 낡은 뚜껑은 분리 배출하고 몸통만 남은 이 유리병을 어떻게 활용할까 고민이 생겼다.

유리병의 적당한 뚜껑을 찾기 위해 여러 가게를 돌며 발품을 팔고, 인터넷에서 폭풍 검색을 했다. 유리병 제조업체를 찾아보고 비슷한 제품을 판매하는 곳도 알아보았지만 뚜껑만 구하는 건 쉽지 않았다. 철제 병뚜껑을 판매하는 사이트는 쉽게 찾을 수 있지만 내가 원하는 건 녹이 슬지 않는 견고한 플라스틱 뚜껑이었다. 그리고 이 병에 딱 맞는 7센티미터 뚜껑이라야 했다.

비슷한 것은 있어도 딱 맞는 뚜껑을 발견하기란 좀처럼 쉽지 않았다. 잘못 구매하면 반품하기도 쉽지 않고 왕복 택배비를 지불해야 할 수도 있다. 그렇다고 너무도 단단하고 예쁘게 생긴 유리병을 차마 분리배출 쓰레기로 버릴 수는 없다. 내 사전에 그런 일이란 없다! 아마 고민고민하다가 버린다고 해도 그 선택을 두고두고 후회할 것이다. 이럴 때만 쓸데없이 기억력이 뛰어나니까.

한동안 시장의 그릇 가게나 각종 생활용품이 다 있다는 천원숍도 기웃거리다가 결국 중단! 그냥 찾을 수 있을 때까지 때를 기다려보기로 했다. 그렇게 몇 년이 흘렀다. 어느 날 잠이 오지 않는 야심한 시각에 한 블로그에서 나와 같은 고민을 했다는 글을 우연히 발견했다. 그분은 내가 딱 원하는 7센티미터 뚜껑을 샀다며 사진과 친절한 설명뿐 아니라 판매 사이트까지 적어놓았다.

"와우, 유레카! 드디어 찾았다."

너무 기뻤다. 이 순간을 얼마나 기다렸던가. 벌떡 일어나 싱크대 안쪽 구석에 잠들어 있던 뚜껑 없는 유리병들을 죄다 꺼냈다. 다들 잠든 야심한 시각에 이 무슨 짓이란 말인가.

"얘들아, 드디어 찾았어. 내가 해냈어!"

오늘의 이 성과는 그야말로 나의 집요함의 승리였다. 폭풍 검색의 결과…. 이틀 후 주문한 병뚜껑이 무사히 도착했다. 과연 크기가 잘 맞을까? 유리병과 병뚜껑이 합체되는 순간, 두근두근 그 순간은 마치 우주선이 도킹하는 순간처럼 기대되고 떨렸다. 휴~우, 딱 맞았다!

플라스틱 병뚜껑 판매 사이트에는 나와 비슷한 고민을 하는 사람들의 글이 꽤 있었다. 유리병에 딱 맞는 뚜껑을 발견해서 기쁘다는 글과 진작 알았더라면 멀쩡한 유리병을 버리지 않았을 텐데 하는 후회, 다양한 크기의 병뚜껑을 제작해달라는 요구까지…. 모두 내 심정을 대변하고 있었다. 작은 유리병 하나도 소중하게 생각하는 사람들이 의외로 꽤 있었고 다들 병뚜껑을 찾기 위해 애를 쓰고 있었다.

음료수를 마시면 남게 되는 유리병, 가루 종류의 양념이나 소스, 반찬류를 담고 있는 유리병, 이래저래 주방에는 유리병이 꽤 나오곤 한다. 부드러운 곡선을 이루는 이 견고한 유리병은 너무도 흔하지만 그냥 버리기엔 어째 망설여진다. 무엇을 담아두면 좋을까, 다시 사용하는 방법은 뭘까를 늘 생각하게 된다. 재사용 방법이 마땅치 않지만 모양이 예뻐서 일단 모셔

두는 것들도 있다. 덕분에 점점 더 비좁아지는 나의 주방은 어쩔 것이냐. 이것이 문제로다!

"그걸 왜 챙겨? 짐도 많은데 그냥 버렷!"

어느 여행지의 숙소, 여행은 어느덧 막바지라서 귀국을 위해 배낭을 정리하고 있었다. 여행을 계속할 친구에게 여행 안내서와 우산 등 필요한 물건을 주고, 꼭 가져와야 할 것만 챙기기로 했다. 침대에 쫙 깔아둔 내 물건들을 보며 동행자가 한마디 던졌다. 빈 유리병은 왜 챙기는 거냐고, 그냥 버리라고….

여행길에선 짐의 무게를 줄이는 일이 중요하다. 여행길은 인생길의 축소판이다. 메거나 끌고 다니는 짐의 무게가 마치 인생길의 고뇌처럼 느껴진다. 이왕이면 보다 가벼운 소재, 접었다 펼 수 있어 부피를 줄일 수 있는 것, 여러 용도로 쓸 수 있는 것 등 짐을 줄이기 위해 온갖 아이디어를 동원하지만 예쁜 유리병만 보면 나는 스르르 이성을 잃어버리고 만다.

딸기잼이 들어 있던 작은 잼병, 모양이 특이한 양념병, 독특한 향이 나는 작은 술병…. 이렇게 예쁜 아이들을 어떻게 그냥 두고 온단 말인가. 그래도 짐 무게를 생각해서 아주 작은 유리병만 몇 가지 챙겼다. 챙겨 오고 싶을 만큼 탐나는 유리병도 꽤 많았지만 나름대로 자제를 열심히 했다는 사실!

옷으로 돌돌 말거나 빈 통에 집어넣기, 배낭의 작은 빈틈 사이에 쏙 집어넣기 등 온갖 방법을 연구하여 기필코 우리 집까지 가져오고야 말았다. 정작 이 유리병을 어떻게 쓸 것인지는 다음에 고민할 문제다. 챙겨 오는 그 과정이 너무 재밌고 그 역시 여행길의 추억이니까.

우리 집 주방 싱크대에는 유리병 칸이 따로 있다. 평소에 모아둔 것과 여행에서 챙겨 온 것들이 옹기종기 모여 있다. 꽃잎 차를 담기도 하고 소금이나 참깨 같은 양념류를 담기에도 좋고, 꽃씨를 보관하는 용도로 쓰기도 한다. 바라만 봐도 기분 좋아지는 유리병 아이들이다.

따지고 보면 이런 유리병 재사용은 꽤 오랜 역사를 가지고 있다. 우리 고향인 경북 예천의 특산물은 참기름이다. 참깨 농사를 많이 지어서 참기름을 짠다. 경북의 참기름 브랜드는 바로 '맛있는 참소주'이다. 대구 경북의 대표 소주인 참소주를 마신 뒤 빈 병을 깨끗이 씻어서 참기름병으로 재사용하기 때문이다. 물론 '참이슬', '처음처럼' 병도 흔하다. 소주 라벨이 그대로 붙어 있으니 마치 참기름 브랜드처럼 보이는 효과가 있다. 소주 회사에서 이것을 보면 어떤 생각을 할지 궁금하다. 크크크.

고향집에 가면 엄마는 농사지은 온갖 농산물을 챙겨준다. 오이와 가지, 애호박, 열무 같은 채소류와 함께 김치를 담가주기도 하고 고추장과 된장, 간장 등 계절마다 먹을거리도 다양하다. 그중에서 도시에 사는 자식들에게 가장 인기 좋은 건 바로 고소한 참기름이다. 엄마의 참기름병엔 어떤 비장함 같은 게 있다. 소주병에 조심스레 참기름을 담아 뚜껑을 닫은 뒤 비닐을 덮고 노란 고무줄로 단단히 동여맨다. 한 방울이라도 절대 흘리지 않겠다는 굳은 의지 같기도 하다. 그 비닐을 벗기고 뚜껑을 살짝 열면 고소한 향이 온 집 안에 퍼진다. 일반 가게의 참기름에선 느낄 수 없는 진한 향, 대기업에서 만든 참기름도 절대 이길 수 없는 맛이 난다.

예전에 판매된 델몬트 오렌지주스 병은 견고하고 묵직하고 손으로 잡기 편한 유리병 디자인으로 인기가 높았다. 이 회사에서는 오렌지 주스를 출시하면서 유리병을 회수하여 10회가량 재사용할 수 있을 정도로 튼튼하게 만들었다고 한다. 유리병을 모아서 세척한 뒤 다시 오렌지 주스를 담아서 판매하는 순환 시스템을 정착시키려 했던 것이다. 그런데 너무나 튼튼하고 독특한 디자인에 반한 소비자들이 너도나도 보리차를 끓여서 담아두는 물병으로 재사용했고, 집집마다 냉장고에 하나씩 넣어두는 국민 보리차 병으로 인기 높았다. 그러자 유리병 회수율이 낮아졌고 결국 플라스틱 병으로 바뀌었다고 한다. 이처럼 유리병을 사랑한 이들은 이미 많았다. 나만 그런 게 아니라는 것!

유리병은 모양이 예쁠 뿐 아니라 수명도 매우 길다. 유리병

속에 담긴 편지가 태평양 너른 바다를 건너서 수십 년 또는 백 년이 지난 뒤 다른 대륙에서 발견되었다는 소식이 가끔 해외 토픽에 등장하는 걸 보면 유리병은 거친 파도를 거뜬히 견딜 정도로 매우 견고하다.

2023년 호주의 왈라가 호수에서는 편지 두 통이 담긴 유리 병이 발견되었다. 이 호수는 밀물 때면 바닷물이 들어오는 곳 이라 코르크 마개와 나사못으로 단단히 밀봉된 유리병은 오랫 동안 바다를 떠돌았던 것으로 추정되었다. 유리병 속 편지는 1978년 7월 3일 컨테이너선의 선원이었던 톰 워가 쓴 것으로 한 통은 병을 발견한 이에게, 또 하나는 당시 12세 소녀였던 마 사 브리스터에게 보낸 것이었다.

바다를 떠다니던 이 유리병은 무려 45년 만에 발견된 것이 다. 소녀는 57세가 되어 이 편지를 받았는데, 영국에서 살던 어 린 시절에 알았던 톰 워는 뉴질랜드 선원이자 노인이었다고 한 다. 소녀네 가족이 호주로 이민을 가자 화물선을 타고 호주 인 근을 지날 때마다 소녀에게 유리병 편지를 보냈다고 한다. 오 래된 편지를 받은 브리스터는 숨겨진 보물을 찾은 것 같은 느 낌이고 정말 기적이라며 기뻐했다고 한다. 편지를 쓴 톰 워는 이미 오래전에 사망했다고 한다.

한편, 영국의 한 아이는 유리병을 판매하여 수익을 얻는다고 한다. 2020년 영국의 웨스트미들랜즈에 사는 7세 여자아이인 베스티는 버려진 유리병들을 모아서 판매하는 사업을 벌였다. 베스티는 아빠와 함께 집 주변의 진흙 밭이나 쓰레기 매립지를 뒤져 빅토리아 시대의 느낌이 나는 고풍적인 디자인의 유리병이나 고전과 현대가 만난 듯 독특한 느낌이 나는 유리병을 모았다.

1870년대부터 1930년대 것까지 아주 오래된 유리병들은 특유의 빛깔과 크기를 자랑하는데, 깨끗이 씻어서 잘 말린 후 집 뒷마당에 있는 가게인 '베스티의 보틀숍'에서 판매하고 있다. 대개 골동품을 좋아하거나 고전적이고 독특한 장식품을 수집하는 사람들이 이 유리병에 관심을 보인다고 한다.

흠, 이 가게는 정말 궁금하고 한번쯤 가보고 싶지만 내게는 아주 위험한 곳이다. 가게에 있는 모든 유리병을 가져오고 싶은 욕망이 솟구칠 테니 말이다. 어쨌든 세월이 흐르면 우리 집 유리병도 판매할 수 있을 만큼 가치가 높아질까? 상상만 해도 재밌다.

유레카 유리병 뚜껑! 딱 맞는 뚜껑을 찾기 위해 얼마나 헤맸던가.
볼 때마다 기분이 좋다.

우리 집 싱크대의 유리병 코너.
모양도 크기도 제각각이라 더 재밌다.

엄마표 참기름과 들기름.
소주병 뚜껑을 닫고 비닐을 덮어 고무줄로 꽁꽁 묶었다.
기름 한 방울도 흘리지 않겠다는 비장함이 느껴진다.

# 작은 텀블러 하나면
## 충분해

'이 작은 것을 어디에다 쓸까?'

행사 기념품으로 작은 텀블러를 받았다. 한 손에 쏙 들어올 크기이고, 물 한 컵 정도 들어갈 만큼 정말 작다. 공짜로 받은 선물을 앞에 두고 영 마땅찮은 표정으로 노려보았다. 일단 싱크대 구석에 쏙 밀어두었다. 아마도 네가 햇볕 구경을 할 날은 그리 많지 않을 것 같은 예감이 든다. 싱크대의 문을 닫았다. 어둠 속에서 푹 쉬어라.

그로부터 얼마 지나지 않아 20여 일간의 그리 짧지 않은 여행을 떠나게 되었다. 이번 여행은 모든 짐을 메고 다니는 배낭 여행이라 짐의 무게를 줄이는 일이 매우 중요했다. 챙겨 갈 물건을 방바닥에 쫙 늘어놓고 무엇을 챙겨 가고 무엇을 두고 갈 것인가를 고민했다. 일단 여행기간 동안 한두 번 정도로 사용 횟수가 적은 물건은 제외시키기로 했다. 되도록 자주 사용할 것, 그리고 가벼운 것, 부피가 적은 것을 선택했다. 또 일회용 품 사용을 줄일 수 있는 대안용품을 챙기기로 했다. 여행에선 으레 일회용품 사용이 늘어서 늘 마음이 불편했다.

싱크대 이곳저곳을 뒤지다가 작은 텀블러가 눈에 띄었다. 그래, 이 녀석을 챙겨 가면 딱이네. 한 손에 쏙 들어오니 일단 부피가 작고, 물컵이나 물병 역할을 할 수 있고, 보온 보냉 기 능도 있다. 마침 겨울여행이라 물을 많이 마시지 않고 따뜻한 물도 챙길 수 있으니 정말 딱이었다. 배낭 주머니에도 쏙 들어 갔다.

작은 텀블러는 뜻밖에 비행기 안에서 활약했다. 2018년 봄 중국발 쓰레기대란이 일어난 이후 세계 여러 나라들은 쓰레기 를 줄이는 것이 큰 고민거리로 떠올랐다. 우리나라를 비롯한 선진국들은 플라스틱과 비닐 같은 쓰레기를 중국으로 수출했 는데, 중국이 더 이상 외국 쓰레기를 수입하지 않겠다고 선언 하자 이것을 처리하는 문제로 한바탕 혼란이 일어났다. 국가마 다 지방정부마다 쓰레기를 어떻게 줄일 것인가가 큰 이슈가 되 었다. 특히 가장 흔하게 쓰면서 가장 많은 쓰레기양을 차지하 는 플라스틱이 논란의 중심에 섰다.

마침 우리가 탄 외국 국적기는 친환경 프로그램을 도입한 모양이었다. 기내방송으로 일회용품 사용을 줄이기 위해 노력하고 있다고 했고, 이 비행기 안에서는 되도록 승객들이 사용한 종이컵을 계속 사용해달라고 당부했다. 흐뭇한 표정으로 안내방송을 들은 나는 자신 있게 텀블러를 꺼냈다. 승무원이 음료 서비스를 하고 식사를 챙겨줄 때 작은 텀블러를 공손하게 내밀었다. 여기에 시원한 물을 담아달라고 했다. 승무원은 미소를 지으며 흔쾌히 응했다. 별일도 아닌 이 작은 행동에 기분이 한결 좋아졌다.

10시간가량 운행하는 비행기 안에서 식사는 두 번이 나왔고, 식사가 나오기 전 음료수도 두 번가량 제공했고, 모두가 잠자는 시간엔 생수 한 병도 따로 챙겨주었다. 이때마다 일회용 컵을 사용한다면 4~5개나 되고, 중간에 주스나 맥주 등을 요청하면 더 많은 일회용 컵을 사용하게 된다. 그러나 텀블러를 챙겨 가니 일회용 컵은 전혀 사용할 필요가 없었다.

여행은 대개 이동거리가 길어 짐의 무게를 줄이는 것이 최대 고민이고, 결국 가볍게 사용한 후 홀가분하게 버리는 일회용품 사용이 늘어난다. 그래서 나는 텀블러 외에도 숟가락과 젓가락을 챙기고, 손수건도 여러 장, 천주머니도 넉넉하게 챙겨서 되도록 쓰레기양을 줄이려고 노력했다. 이런 물품을 몇 가지 챙기면 일회용 숟가락과 나무젓가락, 비닐봉지, 화장지 등 쓰레기 배출량을 대폭 줄일 수 있기 때문이다.

작은 텀블러는 여행지의 숙소와 이동하는 차 안, 식당 등에서도 맹활약했다. 따뜻한 물을 담았을 때 온기가 오래 유지되고, 차를 타서 마실 수도 있다. 식당에서 식사를 한 후 물을 담을 수 있으니 생수를 사서 마시는 것도 줄일 수 있다. 숙소에 큰 배낭을 두고 휴대용 작은 배낭을 메고 다닐 때도 부피를 적게 차지하니 부담이 없다. 아무리 생각해도 이 녀석을 챙긴 건 탁월한 선택이었어. 신의 한 수!


그러나 찜찜한 것이 하나 있다. 바로 텀블러라는 이름이다. 이 낯선 이름은 아무래도 입에 착착 붙질 않고 영 마뜩찮다. 더 나은 좋은 이름이 없을까? 국어사전에는 텀블러(tumbler)가 '음료수를 마시는 데 쓰는 밑이 평평한 큰 잔'이라고 설명하고 있다. 텀블러의 어원은 '굴러가다'라는 뜻을 가진 영어의 텀블(tumble)에서 온 말인데, 우리나라에선 손잡이가 없는 보온 머그잔을 가리킨다. 2014년 국립국어원은 텀블러 대신 '통컵'이라고 정했다고 한다. 오, 통컵이라는 말이 있었구나. 그렇다면 나도 통컵이라고 불러볼까?

최근 몇 년 사이에 일회용 테이크아웃 컵 사용이 부쩍 늘고 플라스틱 쓰레기가 기하급수적으로 늘어나자 이 문제를 해결하기 위해 다양한 캠페인과 대안운동이 활발해졌다. 이때 일회용 플라스틱 컵의 대안으로 텀블러를 쓰자는 캠페인이 벌어졌다. 여성환경연대의 제안으로 시작되었으나 발빠른 대기업들이 자신들이 운영하는 커피 전문점 매장마다 신제품으로 출시하면서 텀블러 전성시대가 열렸다.

다양한 텀블러들이 쏟아져 나오기 시작했고, 사람들은 텀블러를 사용하면 좀 교양 있고 의식 있는 사람이라는 인식을 갖게 된 듯했다. 그러나 너무나 많은 텀블러들이 각종 행사의 기념품이나 사은품, 환경 마케팅을 위한 판촉물로 제공되면서 과연 이것이 친환경일까, 또 다른 자원의 낭비가 아닐까, 그저 한때 유행으로 끝나는 것은 아닐까 하는 의구심이 고개를 들기 시작했다.

2011년 영국 환경청의 '수명 주기 평가' 자료에 따르면 텀블러를 오래 사용해야 종이컵보다 친환경적인 물건이 될 수 있다고 한다. 유리 재질 텀블러는 최소 15회, 플라스틱 재질은 17회, 세라믹 재질은 최소 39회를 사용해야 일회용 종이컵보다 나은 효과를 낼 수 있다고 한다.

2015년 캐나다 환경단체 CIRAIG의 연구 보고서에는 생산과 배포, 세척, 사용 종료까지 포괄하는 물건의 생활 주기 전체를 고려하여 컵을 5회부터 3000회까지 재사용할 때 5가지 컵 종류를 비교했다. 이 컵들이 과연 몇 회 이상 사용했을 때 일회용 종이컵보다 나은지를 평가했다. 도자기 컵은 210회, 폴리프

로필렌 텀블러는 50회, 폴리카보네이트 텀블러는 110회, 스테인리스 텀블러는 220회 이상 사용해야 한다는 결과가 나왔다. 결국 친환경 제품이라 하더라도 많이 소유하는 것보다는 오래 사용해야 한다는 것이다.

친환경 제품의 대명사인 에코백 역시 마찬가지이다. 앞서 인용한 영국 환경청의 자료에 따르면 종이봉투는 3회를 사용해야 일회용 비닐봉지보다 환경에 미치는 영향이 적고, 면으로 만든 에코백은 131회를 사용해야 비닐봉지보다 낫다고 한다. 종이봉투는 비닐보다 빨리 썩지만 만드는 과정에서 자원이 많이 들고, 석유로 비닐봉지를 만드는 것보다 목화로 에코백을 만드는 것이 훨씬 복잡하고 비용도 많이 들기 때문이다.

무엇이든 과하면 독이 되기 마련이다. 아무리 좋은 취지로 만들었다고 해도 너무 과하게 생산하고 소중하게 사용하지 않으면 친환경 제품이라 할 수 없다. 손 안에 쏙 들어오는 작은 통컵 하나, 여러 가지 쓰임새가 있는 작은 물건 하나면 충분하다.

우리 집 텀블러. 이 중에서 구매한 것은 딱 하나뿐이고
그 외는 사은품이나 무료 나눔으로 얻었다.
많이 소유하는 것보다 자주 쓰는 게 중요하다.

여행할 때 수저를 담을 수저집을 만들어보았다.
수저를 넣고 돌돌 말아서 묶으면 간단하다.

고장 난 우산에서 천을 뜯어내면 여행할 때 작은 돗자리로 쓸 수 있다.
방수 기능이 있고 돌돌 말면 가벼워 휴대하기 편하다.

# 수리해서
# 쓴다는 것

고향집에 가니 엄마의 주방에서 쓰던 칼의 손잡이가 부러져 있었다. 그래도 이 칼은 꽤 쓸모가 있었던 모양인지 손잡이에 검은색 테이프를 칭칭 감아서 사용하고 있었다. 읍내 장에 가면 손잡이를 바꿀 수 있지 않을까 싶은데, 엄마 얘기로는 요즘 시골장터에도 수리해주는 사람이 사라졌다고 했다. 이대로 대충 쓰다가 버려야겠다고 했다.

일단 칼을 신문지로 둘둘 말아서 서울로 가져왔다. 서울에선 뭔가 방법이 있지 않을까? 우리 동네 시장의 주방용품점에 가서 칼을 보여주었더니 이 시장 골목에 수리점은 따로 없다고 했다. 1차 시도 실패!

며칠이 지나 골목 어딘가에서 '칼 갈아요!'를 외치는 할아버지의 목소리가 들렸다. 잽싸게 달려가 칼을 보여드렸다. 그런데 그냥 버리고 새것으로 사라고 했다. 요즘엔 주방칼의 손잡이를 바꾸는 사람들이 없어서 칼날을 가는 일만 한다고 했다. 할아버지도 세월따라 한 가지 전문 업종으로 분화했구나. 4천 원만 주면 새 칼을 살 수 있다는 한마디만 남긴 채 할아버지는 바람처럼 사라졌다. 2차 시도도 실패!

가게에 가면 반짝반짝 빛나는 새 칼을 살 수 있다는 걸 물론 안다. 그러나 엄마가 즐겨 쓰던 이 칼을 반드시 수리해서 쓰고 싶다. 이 간절함은 도대체 어디에서 나오는 걸까? 2차 시도까지 실패한 후 몇 달이 그냥 흘렀다. 그렇게 칼의 존재마저 잊고 있던 무렵 서울에 대장간이 있다는 얘기를 풍문으로 들었다.

이 복잡한 서울에 대장간이 있다고? 싱크대 어딘가에 넣어두었던 칼을 다시 꺼내 풍문을 따라 걸음을 재촉했다. 불광역에서 골목길로 접어들어 얼마쯤 걸으니 작은 모퉁이에 신기하게도 대장간이 있었다. 근처 골목에서 쇠를 가는 소리가 나지막이 들려 찾기도 쉬웠다. 평소라면 소음으로 들렸을 그 소리가 그렇게 반가울 수가….

불광대장간에는 칼보다는 낫과 호미, 곡괭이, 망치 같은 연장이 더 많았다. 연장들은 바구니에 가지런히 담겨 있고 줄을 맞춰 나란히 놓여 있었다. 먼지가 날리고 불꽃이 튀는 어지러운 곳을 상상했건만 대장간은 의외로 깔끔했다. 80대쯤으로 보이는 할아버지가 칼을 갈고 계시고, 40대쯤으로 보이는 아들이 손님을 맞이하고 무거운 짐도 번쩍 들어서 옮기고 있었다. 대를 이어서 대장간을 운영하고 있다고 했다. 동네마다 성행하던 대장간도, 대장장이도 거의 없어졌는데 대를 이어가는 곳이 있다니 참 놀랍기만 했다.

주방칼의 손잡이 교체는 순식간에 끝났다. 대장장이의 양심으로 그냥 보낼 수 없어서 손잡이를 갈고 칼날도 갈아주는 거라며 대장간집 아들은 활짝 웃었다. 이런 자부심과 친절함은 늘 기분 좋게 만든다. 칼 손잡이를 교체하는 데 8천 원을 지불했다. 4천 원이면 새 칼을 살 수 있지만 두 배의 값을 지불한 셈이다. 그러나 이 칼날은 아직 멀쩡하고 더구나 우리 엄마가 온갖 음식을 다듬고 만들었던 역사가 담겨 있지 않은가?

손잡이 일부분이 부러졌다고 해서 통째로 버려진다는 건 칼의 처지에서 보면 억울하지 않을까? 쉽게 버려지지 않고 어딘가에서 제 몫을 할 수 있게 하는 것, 나는 그저 이 칼에 다시 생기를 불어넣어주고 싶었다. 이 정도의 수고와 발품이라면 얼마든지 다시 할 의향이 있다.

손잡이를 교체한 후 말끔해진 칼을 고향집에 가져갔다. 몇 달 만에 칼을 다시 본 엄마의 표정은 무덤덤했다. 뭐 이런 수고까지 했냐며 퉁명스럽게 한마디할 뿐이었다. 역시나 무뚝뚝한 경상도 우리 엄마다. 그러나 반전은 그 후에 일어났다. 김장을 하거나 제사음식을 차리는 등 큰 행사를 치를 때마다 엄마는 이 칼을 찾았다. 이것만큼 잘 들고 손에 익은 칼을 아직 본 적이 없다고 했다. 새 칼을 살까 물으면 쓸데없이 돈을 쓰지 말라고 했다.

조금만 수리하면 오래 쓸 수 있는 물건이 있다. 그냥 버리기엔 아까울 뿐 아니라 값으로 매길 수 없는 추억과 역사가 담긴 물건은 누구에게나 있다. 비록 대단한 의미와 잊지 못할 추억이 담긴 물건은 아닐지라도 가까이에서 즐겨 써온 물건일수록 내게는 더 가치가 있으니까.


'수리상점 곰손'에 들어서니 한창 우산 수리 워크숍이 열리고 있었다. 사람들은 알록달록한 우산을 펴놓고 우산살을 열심히 수리하고 있고, 수리 기술을 가진 강사님이 사람들 곁에서 수리 방법을 꼼꼼히 가르쳐주고 있었다. 한쪽 테이블에는 핸드폰 수리를 하는 사람도 있었다. 충전 후 사용 시간이 짧아진 스마트폰에 배터리를 새것으로 교체하고 깨진 액정도 바꾸는 작업 중이었다. 수리 공간 한쪽에는 재사용품을 모은 수리 재료와 도구들이 종류별로 깔끔하게 정리되어 있다.

서울시 마포구 망원동에 있는 수리상점 곰손은 우산과 스마트폰뿐 아니라 그릇, 천 종류, 소형 전자제품 등 각종 생활용품을 수리하고 있다. 무엇이든 뚝딱뚝딱 만들어내는 금손부터 뭐든 쉽게 망가뜨리는 똥손까지 누구나 이곳에서 물건을 수리하고 수리 기술을 배울 수 있다. 또 독서 토론이나 옷 교환 행사 등 다양한 사람들이 환경을 주제로 모여서 즐기는 커뮤니티를 만드는 거점 역할도 하고 있다.

예전에는 골목길에 각종 생활용품을 수리해주는 수리점이 하나씩 있었다. 전기·전자제품을 수리하는 전파상과 옷을 수선하는 수선집 등이 있어 고장이 나거나 수선할 일이 있으면 언제라도 도움 받을 수 있었지만 어느새 이런 가게들은 사라져버렸다. 서비스센터에서 수리 불가 판정을 받거나 수선하기 어려우면 분리 배출하여 처분해버리고 새 제품을 사는 것으로 만족해야 했다. 이렇게 배출되는 쓰레기가 늘어만 가는 세상, 고장 난 물건을 고치고 싶지만 수리가 쉽지 않은 현실을 극복하기 위해 환경운동가 6명이 의기투합해서 수리상점 곰손을 열었다.

부러진 우산과 깨진 그릇 등의 수리와 수선뿐 아니라 기후위기와 제로웨이스트, 플라스틱 프리 등을 주제로 한 환경교육도 하고, 생활용품 수리 관련 체험 워크숍을 열기도 한다. 워크숍에 사용하는 재료는 일상에서 모은 물건을 재사용하거나 폐기된 재료를 활용하여 새 원료와 에너지 사용은 최소로 줄이려

고 노력하고 있다. 또 친환경 샴푸바와 화장품, 세제 같은 생활
용품도 만들고, 직조와 패브릭 수선, 재봉틀 교육 등 다양한 프
로그램을 진행하고 있다. 수리가 어렵다면 우리가 직접 한다,
함께 모여서 수리 기술을 전파한다, 우리 방식대로 재밌게 궁
리하고 도모한다는 이들의 실험이 너무나 신선하고 재밌다.

이 외에도 지자체에서 운영하는 '찾아가는 수리센터', 우산
수리센터, 찾아가는 칼갈이 서비스 등을 이용할 수도 있고, 성
동공유센터가 운영하는 리페어카페에서는 수리를 맡기는 것
이 아니라 자신이 직접 기술을 배우면서 수리할 수 있다. 애지
중지 아끼는 물건이 고장 나거나 살짝 흠집이 생겨 속상할 때
그냥 버리지 말고 직접 수리나 수선을 해서 더 오래도록 사용
해보자. 직접 고쳐보면 더욱 애정이 솟아나고 만족감도 커지는
놀라운 경험을 하게 될 것이니.

* 수리상점 곰손: blog.naver.com/hi_gomson

* 성동공유센터: share.sd.go.kr

손잡이가 부러진 엄마의 칼들. 검은 테이프를 둘둘 말아서 쓰고 있었다. (왼쪽)
대장간까지 발품을 팔아가며 손잡이를 수리했다.
나의 이 놀라운 끈기는 어디서 온 것이냐.

수리상점 곰손에서 우산 수리 워크숍이 한창이다.
고장 난 우산을 버리지 않고 정성껏 수리하는 사람들.

# 가스레인지의 수명이
# 궁금해

'좀 오래된 것 같은데, 버리고 새로 살까?'

새로 이사한 집 주방에 오래된 가스레인지가 있었다. 작은 빌라인 우리 집은 그동안 거주자가 두 번 바뀌었다. 나는 세 번째로 이사를 왔는데, 두 번째로 살던 중년 부부가 이사를 가면서 가스레인지를 두고 갔다. 그분들의 얘기로는 건물을 지은 후 첫 입주를 했던 새댁이 사용하던 것이라고 했다. 어쩌면 가스레인지는 우리 집에서 가장 오래된 터줏대감과도 같다. 이사를 가면서 모든 살림살이를 챙겨 가지만 싱크대와 가스레인지만은 그대로 남아 있으니까. 윗부분은 가스레인지이고 아래는 오븐 기능이 있어 정확하게 말하자면 가스오븐레인지다. 아마도 크고 무거워서 번번이 이삿짐 목록에서 빠진 모양이다.

이삿짐을 풀면서 가스레인지를 보니 먼지와 음식물 얼룩이 묻어 있고, 기름때도 잔뜩 묻어 있었다. 좀 낡고 녹도 슬어 있어서 첫인상은 좀 암담했다. 이걸 어째? 버릴까도 잠시 생각했다. 그럼 대형폐기물 처리 비용을 내야 하나? 이런저런 마음의 갈등이 일어나는 가운데 행주로 쓱쓱 닦고 문지르니 의외로 반짝반짝 빛이 났다. 네 개나 되는 화구에서 불도 잘 켜졌다. 오, 제법 쓸 만한데….

굳이 새 제품을 살 필요는 없어 보였다. 당시엔 이사를 하느라 돈을 좀 써서 여유도 없었다. 사실 새 집으로 이사를 하면서 가스레인지만은 새로 사고 싶었다. 학생 때부터 이사를 자주 다니면서 살림살이를 사고 정리하는 일이 잦았지만 가스레인지를 살 기회는 없었다. 주방에 가스레인지가 설치되어 있거나 중고 가스레인지를 얻어서 사용했다. 그때도 내 맘에 드는 새 것으로 사고 싶었으나 중고 제품을 주겠다는 걸 거절하기 어려웠다. 반짝반짝 새것은 아니지만 그럭저럭 작동이 잘 되었다.

가전제품 매장에 가면 생선을 굽는 그릴 기능이 있거나 안전차단 장치를 갖춘 신형 가스레인지가 탐났다. 그런데 중고 가스레인지를 설치해놓고 보니 쓸 만한 물건을 두고 굳이 새 제품을 사야 할까라는 생각이 들었다. 가끔 매장에 가서 신형 제품을 구경하는 것으로 만족했다. 언젠가 고장이 나면, 다시 이사를 하면 내 맘에 드는 최신형 제품으로 사고·말리라.

그런데, 이럴 수가! 하필 새로 이사한 집에도 가스레인지가 남아 있었던 것이다. 이번에도 소박한 내 꿈은 이대로 꺾이고 마는 것인가? 더구나 이 대형 가스레인지는 성능도 꽤 좋았다. 화구가 네 개나 있어서 압력솥에선 윤기 자르르한 밥알이 익고, 찌개도 보글보글 끓이고, 볶음요리까지 동시에 할 수 있었다. 때로는 얼룩진 빨래도 뽀얗게 삶을 수 있었다.

그렇게 가스레인지를 사용한 지도 어느덧 십 년이 흘렀다. 애초 내 생각은 다른 이가 사용하던 것이니 2~3년 적당히 사용하다가 바꾸는 것이었다. 그런데 이 녀석은 너무도 튼튼했다. 마치 내 마음을 눈치 채기라도 한 듯 별다른 고장 없이 잘 작동했다. 그러던 어느 날, 불꽃이 점화되지 않았다. 아무리 점화 손잡이를 돌려도 켜지질 않았다. 흠, 드디어 때가 온 것인가. 내심 가전 매장을 찾아갈 생각에 마음이 들떴다. 그런데 가스레인지 맨 아래 구석에 있는 새 건전지를 바꿔 넣었더니 다시 불꽃이 타올랐다. 이런, 고장이 아니었네. 실망…!

도대체 국산 가스레인지의 수명은 몇 년이나 되는 걸까? 늘 마음의 준비를 하고 있었지만 가스레인지는 도무지 고장이 날 기미가 보이질 않았다. 처음 만났을 때보다는 확연히 낡고 녹도 많이 슬었건만 왜 이리 작동이 잘 되는 걸까? 고장 나기만을 기다리는 이 황당한 상황을 어쩌면 좋단 말인가.

"뭘 고민해, 그냥 새것으로 바꾸면 되지."

친구들은 이구동성 이렇게 말했다.

'그래, 지금이라도 결정하면 되지. 뭘 망설여.'

내 안의 유혹이 속삭였다. 그러나 알 수 없는 내 안의 또 다른 호기심이 피어올랐다. 가스레인지의 수명이 도대체 얼마나 되는지, 사용할 수 있는 그날까지, 가스레인지의 불꽃이 더 이상 타오르지 않는 그날까지 최대한 써보고 싶어졌다.

오래된 물건에 대한 이런 애착은 왜 생기는지. 호기심은 왜 하필 이럴 때 솟아나는 걸까? 다만, 세상에 태어난 물건이 수명을 다하는 날까지 기회를 주고 싶을 뿐이다. 마치 연세 드신 어르신이 마당이나 밭에서 평소와 다름없이 일을 하다가 저녁에 잠이 들듯 고요하게 세상을 떠나듯 말이다. 사람이든 물건이든 이 생에서 제 몫을 다하고 싶겠지.

문제는 싱크대였다. 가스레인지와 연결된 싱크대가 20년 가까이 되니 여기저기 벗겨지고 변색이 되고 습기를 머금어 눅눅해지고 부풀어 올랐다. 싱크대 교체하는 대공사를 할 엄두가 나질 않아서 미루고 미루는 동안 수전에서 물이 새는 일까지 벌어졌다. 결국 대공사를 하기로 결정했다. 코로나 대유행으로 거리두기가 한창이라 아무 일도 할 수 없을 때 집에서 할 수 있는 뭔가 의미 있는 일을 해야겠다 싶었다. 이웃들에게 안내문을 붙이는 등 양해를 구하고 공사를 진행했다. 더 이상은 미련을 갖지 않기로 했다.

여전히 가스레인지는 잘 작동되고 있었지만 이제는 헤어져야 할 때가 되었다. 마지막으로 오랫동안 잘 작동해준 가스레인지를 구석구석 닦았다. 마치 오래된 고목을 쓰다듬는 것 같았다. 껍질은 거칠고 딱딱하지만 푸릇푸릇한 생명이 있고, 오랜 시간 한자리를 지켜온 고목 같은 존재…. 가스레인지는 고물상 사장님이 와서 싣고 가기로 했다. 누군가 주방용이 아닌 다른 용도로라도 사용할 수 있을 거라고 아쉬움이 담긴 한마디를 건넸다. 그러자 고물상 사장님이 한마디 내뱉었다.

"아이고, 다 썩었네 썩었어."

결국 고물로 처리되겠구나. 나는 가스레인지를 실은 트럭이 저 멀리 사라질 때까지 바라보았다. 그동안 고마웠어, 나의 가스레인지. 이젠 안녕!

우리 집의 역사와 함께한, 크고 튼튼하고 낡은 가스레인지.
화구가 네 개나 있어 여러 가지 요리를 한꺼번에 할 수 있다.
밥 짓고 반찬 만들고 물도 끓이고….

먼지와 소음이 가득한 엄청난 공사 후에야 비로소 얻은
나의 새 가스레인지와 싱크대. 반짝반짝 빛난다.

# 빨랫줄이 있던
# 풍경

"토독토독 톡톡톡···."

빨랫줄에서 떨어지는 물방울 소리가 악기 연주를 하듯 일정하고도 경쾌하게 들렸다. 그 리듬을 가만히 듣고 있으니 마음이 편안해졌다. 고된 노동 후의 즐거움이랄까. 빨랫줄에 널린 하얀 옷들 사이로 바람이 지나가자 옷들이 춤을 추듯 물결치듯 일렁였다. 저 바람과 햇볕의 도움을 받아 빨래는 '꼬득꼬득하게' 잘 마를 것이다. 햇볕에 바짝 말린 빨래에서는 기분 좋은 햇볕 냄새가 난다. 인공 섬유유연제 향기와는 비교할 수 없는 자연의 향기이다.

빨랫줄은 참 단순하면서도 소중한 물건이다. 나무나 건물 같은 구조물을 이용하여 양쪽을 단단한 줄로 연결하면 완성된다. 매우 단순하지만 빨래가 사방에서 햇볕과 바람을 받아서 단숨에 잘 마를 수 있게 해준다. 빨래를 널어놓은 모습은 정겨운 풍경을 만들어줄 뿐 아니라 사생활을 보호해주는 역할도 한다. 슬쩍 열린 대문 사이로 널어둔 이불 빨래는 집 내부를 보일 듯 말 듯 가려주는 커튼 역할을 한다.

빨랫줄에 널린 옷가지를 보면 가족 구성원과 나이를 대략 가늠해볼 수도 있다. 아기 옷과 양말, 기저귀가 널려 있기도 하고, 청소년의 교복, 하늘하늘한 치마와 작업복 등을 통해서 가족 구성원과 직업 등을 상상해볼 수 있다. 지금은 가족의 개인정보가 드러날 수 있어서 이것마저 조심스러운 시대가 되긴 했지만 말이다.

빨랫줄의 단짝인 장대의 역할도 빼놓을 수 없다. 빨랫줄 한가운데에 나무 장대를 걸쳐 하늘 향해 치켜 세워주면 빨랫줄이 늘어져서 빨래가 한가운데로 쏠리는 것을 막을 수 있다. 장대는 대나무 같은 긴 나무를 이용하는데, 나뭇가지가 자연스럽게 갈라지는 부분을 이용하거나 장대의 끝부분에 홈을 만들어 빨랫줄이 잘 걸릴 수 있게 만들었다.

으레 빨랫줄은 빨래만 말리는 것으로 생각하지만 알고 보면 쓰임새가 다양하다. 하늘 높이 걸려 있는 빨랫줄에는 잠자리가 잠시 쉬었다 가고, 제비들이 나란히 앉아 귀가 따갑도록 지저

권다. 어촌마을에서는 오징어나 가자미 같은 물고기를 빨랫줄에 가지런히 매달아서 말리는 용도로 쓴다. 생선 비린내를 맡고 찾아온 고양이가 생선을 건드리지 못하도록 공중에 매달아 놓는 것이다. 농촌에선 곶감이나 옥수수, 약쑥 등 볕에 잘 말려야 하는 농산물을 빨랫줄에 가지런히 널어두기도 한다.

전국 어디에나 마당 넓은 집에서는 빨랫줄이 있는 풍경을 쉽게 볼 수 있었다. 그러나 비좁은 공간에 다닥다닥 붙어 사는 도시에서는 빨랫줄을 만나기가 쉽지 않다. 빨랫줄을 연결할 만한 공간이 없기 때문이다. 대개 접었다 펼 수 있어 공간 활용이 가능한 빨래건조대나 천장에 매달려 있는 빨래건조대를 사용한다. 이보다 더 진화하여 빨래건조기나 스타일러를 사용하는 집들도 늘고 있다.


2006년 일본에 처음 간 것은 출장길이었다. 산촌유학을 하는 가정과 학교를 일주일 동안 여러 곳 방문하면서 인터뷰를 하고, 우리나라에서도 가능한 사업인지 알아보는 길이었다. 산촌유학은 복잡한 도시에 살던 아이들이 한 달이나 일 년 등 일정 기간 동안 산촌(농촌)마을에서 살면서 학교를 다니고 텃밭일이나 자연놀이 등 체험 활동을 즐기는 것을 말한다.

출장 중반 무렵, 옷을 빨고 싶어서 숙소에 있는 세탁기에 동전을 넣고 작동시켰다. 얼마쯤 지나 기계 작동이 멈추고 빨래를 꺼내니 바지와 티셔츠는 물기 하나 없이 뜨겁기만 하고 어째 세탁이 된 것 같지가 않았다. 왜 이렇지? 동전을 넣으면 세탁이 된다고 했는데…. 혹시 일본어로 적혀 있는 버튼을 잘못 누른 걸까? 다시 동전을 넣고 기계를 작동시켰다. 한참 후 다시 빨래를 꺼내니 역시나 옷은 뜨겁기만 하고 젖은 흔적조차 없었다. 물은 왜 나오질 않았지? 기계 고장인가? 과연 세탁이 된 걸까, 안된 걸까 갸우뚱했다.

이날의 궁금증은 몇 년이 지나서야 풀렸다. 내가 세탁기로 알고 있었던 것은 빨래건조기였다. 세탁이 끝난 빨래를 금방 말려주는 건조기가 있다는 것을 나는 그로부터 한참이 지나서야 알게 되었다. 흔히 '짤순이'라고 하는, 젖은 빨래의 물기를 제거하는 탈수기는 자주 사용했지만 그때까지만 해도 나는 빨래건조기를 한 번도 본 적이 없었다.


2002년 우리나라에 번역 출간된《지구를 살리는 7가지 불가사의한 물건들》은 자전거와 천장 선풍기, 공공도서관같이 지구를 살리는 물건에 대한 이야기를 담고 있다. 그중에 빨랫줄이 포함되어 있는 걸 보고 좀 의아했다. 왜 빨랫줄이 지구를 살린다는 것일까? 우리나라에는 빨랫줄과 빨래건조대를 널리 사용하고 있었고, 그 무렵에 빨래 건조가 환경에 미치는 문제점은 전혀 느끼지 못하고 있었다.

그로부터 십여 년이 지나자 우리나라에서 빨래건조기 열풍이 일었다. 집집마다 대형 세탁기를 선택하는 건 기본이고, 빨래건조기까지 설치하여 세탁 후 곧바로 말려서 옷을 입을 수 있다는 것에 환호했다. 특히 습기가 많은 장마철이나 가족이 많아서 빨랫감도 많은 가정에서는 일일이 젖은 빨래를 널어서 말리는 것이 힘들다 보니 건조기에 더욱 열광하게 되었다. 또 경제적 여유가 있는 집에서는 스타일러까지 갖추게 되었다. 물빨래가 어려운 정장 옷이나 두꺼운 외투를 걸어두기만 해도 옷에 묻은 먼지나 냄새 등을 제거해주니 반가울 수밖에….

어느새 건조기는 필수품이라는 인식이 강해졌다. 빨래를 가지런히 널어놓고 잘 마를 수 있게 한 번 뒤집고 다시 빨래를 개는 시간과 여유가 없을 만큼 바쁜 현대인들의 심정을 모를 리가 있나. 그러나 가정마다 건조기를 이용하게 되면 에너지 소비도 늘어나게 된다. 햇볕에 널어두기만 해도 충분했던 빨래를 이제 전기의 힘을 이용해서 말리게 된 것이다. 청소할 때는 청소기, 습기를 제거하기 위해 제습기, 화장실엔 비데, 맑은 공기를 위해 공기청정기 등 전기·전자제품의 종류는 점점 늘어나고 있다. 처음엔 낯설고 새로운 기계에 대한 심리적 저항감이 생기더라도 너도나도 사용하면서 전국적 유행이 되면 별다른 문제의식 없이 사용하게 된다.

예전에는 사람이 손으로 할 수 있는 일을 직접 하는 수고쯤은 당연한 것으로 받아들였지만 지금은 약간의 불편이라도 없애기 위해 전기·전자제품을 사는 것을 선택한다. 덩달아 전기 소비량은 더욱 늘어나고 전기 발전을 위해 석유와 석탄, 천연가스, 우라늄 같은 화석연료의 소비도 늘어날 수밖에 없다. 마치 우리 세대에서 지구 자원을 모두 써버릴 것 같은 기세로 말이다. 기후위기가 심각해지면서 전 세계 국가들은 탄소 배출을 줄이기 위해 다양한 노력을 기울이는데, 우리는 도리어 역행하고 있는 게 아닐까? 점점 더 늘어나는 탄소 배출을 과연 어떻게 줄일 것인가?

동네 슈퍼에 갔더니 생활용품 코너에 튼튼해 보이는 빨랫줄이 있어서 무작정 샀다. 맞다, 무작정이다. 우리 집에는 빨랫줄을 걸 마당이 없으니까. 언젠가 마당에 빨랫줄을 걸고 포도나 장미 같은 넝쿨식물 그늘 아래에 누워 빨랫줄에 앉아서 지저귀는 새소리를 하염없이 듣고 싶다. 그리고 햇볕에 바짝 말라 햇볕 냄새를 풍기는 옷을 입고 싶다.

마당 한편에서 있는 듯 없는 듯 늘 그렇게 매달려 있는 빨랫줄이 그립다. 전기도 필요 없고 특별한 장치가 없어도 햇볕 쨍쨍한 날이면 빨래를 바짝 말려주던 빨랫줄과 그 너른 마당이 그립다.

이탈리아 베네치아의 빨래 거리.
실내에서 빨래 말리기가 마땅치 않을 땐 골목에 빨랫줄을 걸기도 한다.
덕분에 독특한 골목 풍경이 만들어졌다. (사진: 민운기)

# 마지막까지
# 쓸모 있게

　김장의 계절이 왔다. 마트에 가면 사계절 싱싱한 채소를 먹을 수 있지만 혹한의 시기를 대비하여 식량을 저장하던 시절의 유전자 때문일까? 여전히 사람들은 배추를 절이고 양념을 정성껏 발라가며 겨울 내내 먹을 김장을 담근다. 김장하느라 허리가 아프다, 팔이 부러지는 줄 알았다, 온갖 푸념을 늘어놓으면서도 말이다.

　김장철이 오면 비로소 겨울 문턱에 들어선 실감이 난다. 김장을 가득 해서 냉장고에 넣어놓고 햅쌀도 한 포대 들여놓으면 월동 준비를 한 것 같아 마음이 든든하다. 주말에 김장을 하러 고향집에 갔다. 가족들이 모여서 함께 김장을 담그느라 배추의 양이 꽤 많다. 배추를 소금물에 절이고 헹구고 양념거리를 다듬는 일이 많으니 일손을 도우러 이틀 먼저 집으로 갔다.

엄마는 한창 두부를 만들고 있었다. 김장하러 도시에서 내려올 자식들을 위해 두부를 만들어두려는 것이다. 엄마의 두부는 가마솥 아궁이에 불을 지펴서 옛날 방식으로 만드는 두부다. 콩을 물에 불려서 갈고 마당 한편에 있는 가마솥에서 끓이고 걸러서 만든다. 콩 농사는 밭둑과 논둑같이 애매한 자투리 땅에다 짓는데, 잘 영근 콩은 판매하고 벌레가 먹었거나 크기가 울퉁불퉁한 것, 색깔이 변한 것같이 판매하기 어려운 콩은 두부를 만들어 먹는다. 올해는 콩 농사가 시원찮아서 두부를 자주 만들어야겠다고 했다.

가마솥에서 잘 끓인 콩을 면포에 넣고 콩물을 거르는 작업이 한창이었다. 나는 가방을 내려놓자마자 면포를 잡고 일손을 도왔다. 뽀얀 콩물은 아래로 떨어지고 면포에는 콩비지가 남게 되는데, 이때 콩물을 잘 거르기 위해 긴 주걱으로 면포를 힘껏 누르고 짠다. 아래에 받쳐둔 통으로 떨어진 콩물은 간수를 넣어 다시 끓이면 몽글몽글 뽀얗게 응고가 되면서 순두부가 되고, 이것을 네모난 틀에 넣어서 굳히면 우리가 아는 네모 두부가 만들어진다. 콩물을 걸러내고 포슬포슬해진 콩비지는 찌개를 끓여서 먹기도 하고, 집에서 키우는 소와 돼지의 먹이로 주거나 거름으로 쓰기도 한다.

엄마는 긴 주걱을 이리저리 돌리고 누르면서 면포를 짰다. 그때 긴 나무주걱이 눈에 들어왔다. 놀부의 처가 밥풀이 잔뜩 묻은 긴 주걱으로 흥부의 뺨을 쳤다는 이야기에 등장하는 바로 그 주걱처럼 길고 크다.

"와아, 이거 엄청 오래됐네. 이 주걱은 언제부터 썼지?"

어릴 적부터 계속 사용하던 주걱인데, 도대체 얼마나 오래 된 것일까?

"옛날부터 계속 쓰던 거지. 내 시집올 때부터 있었지."

엄마는 덤덤하게 말했다. 1960년대 말에 엄마가 혼례를 올 렸으니 55년도 훨씬 넘었다. 이 주걱은 아마도 아버지나 할아 버지나 우리 집에 살던 누군가가 뒷산에 자라던 나무를 깎아 서 만들었겠지. 밥솥에서 밥을 풀 때는 작은 주걱을 사용하고, 큰 가마솥에 콩을 삶거나 나물을 데칠 때, 고추장이나 된장 담 글 때처럼 많은 양의 먹을거리를 준비할 때면 이 긴 주걱을 썼 다. 50년도 훌쩍 넘는 시간 동안 써온 이 단단한 나무의 종류는 과연 뭘까? 식물 전문가에게 물어보니 우리나라에서 자라는 나무 중 가장 단단한 것은 박달나무라고 했다. 오호, 이 주걱이 정말 박달나무일까? 우리 마을에 박달나무가 있었을까 궁금해 졌다.

새로운 물건을 사면 그 물건의 시작은 알 수 있지만 마지막은 어째 잘 기억나질 않는다. 그 물건을 사용한 기억은 남아 있지만 마지막까지 쓸모 있게 잘 사용했는지 가물가물하다. 대개 옷장에 쌓여 있는 수많은 옷들이 그렇다. 마른 옷을 차곡차곡 접었다. 햇볕에 잘 마른 옷에는 햇볕과 바람의 향이 밴 것 같다. 꾸덕꾸덕 명태처럼 바짝 마른 옷을 양손으로 쭉쭉 당겨서 주름을 폈다. 이렇게 펴놔야 다음에 입을 때 기분 좋게 입을 수 있지. 그런데, 아차차! 너무 강하게 당긴 것일까? 면 러닝이 찢어져버렸다. 그러고 보니 이 속옷은 어느새 종잇장이 비칠 만큼 얇아져버렸다. 조물조물 비벼 빨고 푹푹 삶아 빨아서 여러 해 동안 부지런히 입었으니 이젠 얇아질 만도 하지.

러닝 속옷뿐 아니라 면 소재 옷들이 대개 그렇다. 피부에 닿으면 부드럽고 땀 흡수도 잘 하지만 즐겨 입는 만큼 빨리 낡는다. 이처럼 쓸모를 다할 때까지 제 몫을 한다는 건 얼마나 좋은 일인가. 제 쓸모를 다하지 못한 채 버려지는 물건이 흔한 세상에 말이다.

나는 웬만하면 옷을 슬쩍 당겨보았을 때 찢어지는 순간까지 입으려고 한다. 주로 면으로 만든 속옷과 손수건 같은 것이 여기에 해당한다. '웬만하면'이라는 단서를 붙인 것은 겉옷같이 질긴 옷은 그렇지 않으니까. 작아져서 입지 못하거나 늘어지는 등 다른 이유로 처분하는 옷들도 꽤 있기 때문에 모든 옷이라고 단정 지을 순 없다. 면이 아닌 합성섬유로 만든 옷을 정리할 때는 십 년가량 입었는가를 생각해본다. 처음 이 옷을 샀을 때를 돌이켜보고 십 년가량 입었다면 이젠 정리해도 아쉬움이 덜하다. 십 년이나 나를 지켜주던 옷….

볼펜은 볼펜심이 다 닳아서 더 이상 글씨가 써지지 않을 때까지 사용하면 참 기분이 좋다. 어디선가 잃어버리거나 볼펜 잉크가 굳어버려서 사용하지 못하는 경우가 있어서 끝까지 사용하는 일이 흔치 않으니 말이다. 필기를 많이 했던 학생 시절에는 볼펜과 연필을 닳을 때까지 사용했지만 졸업 후에는 그런 기억이 드물다. 여기저기에서 기념품으로 받은 볼펜도 많아서 어디서 얻었는지 기억나지 않는 경우도 있다.

어느 날 세수할 때 머리를 고정시키려고 사용하던 머리띠가 뚝 부러졌다. 플라스틱으로 만들어진 머리띠는 정말 오래 사용하던 것이라 부러진 순간 아쉽다기보다는 수고했다는 생각이 들었다. 빨래 바구니도 그랬다. 빨래를 하려고 집어 들었더니 플라스틱 조각이 우수수 떨어지면서 여기저기 구멍이 생겼다. 오래 사용했더니 너무 낡았다. 거의 15년은 사용한 것 같다. 이 빨래 바구니는 누군가 골목에 내놓은 것이 멀쩡해 보여서 가져와서 썼기 때문에 실제 나이는 알 수 없다. 어쨌든 참 오래도록 잘 썼다. 분리배출하면서도 기분이 좋았다.

굵은 땀을 뚝뚝 흘리며 방을 열심히 닦다가 문득 내 손에 있는 이 걸레는 언제부터 사용했을까 궁금해졌다. 정사각형의 파란색 이 걸레는 본디 작은 수건이었다. 학교를 졸업하고 첫 직장을 다닐 때 회사 직원들이 남원으로 주말 야유회를 가기로 했다. 당시 나는 어떤 일로 뿔이 잔뜩 나 있는 상태라서 야유회를 가지 않겠다고 했다. 그랬더니 직원들이 야유회를 다녀오면서 '지리산국립공원'이라고 적힌 작은 수건을 기념품으로 사 왔다.

화가 풀린 건 아니었지만 물건에는 죄가 없으니 고맙게 받았다. 그리고 수년 동안 손과 얼굴을 열심히 닦았는데 어느새 낡고 뻣뻣해지면서 걸레로 신분이 낮아졌다. 걸레가 된 후에도 제 역할을 톡톡히 했다. 돌아보면 25년이 넘었다. 참 오랫동안 내 곁을 지켜주었구나.

러닝이나 티셔츠 같은 면 제품도 낡아서 구멍이 나거나 늘어지면 그냥 버리지 않고 걸레로 쓴다. 신분이 낮아진 제2의 인생이 시작된 것이다. 부드러운 면으로 방바닥을 싹싹 닦으면 먼지나 얼룩이 깔끔하게 지워진다. 그리고 구멍이 숭숭 뚫리면서 걸레 역할도 끝나면 마지막으로 흙먼지 가득한 현관을 쓱쓱 닦은 후 쓰레기 종량제 봉투로 골인! 비로소 장엄한 생이 끝이 난다. 우리 부모님 세대와 그 이전 세대 역시 다 그렇게 알뜰하게 살았다. 낡은 옷으로 행주나 걸레를 만들어 수명이 다할 때까지 쓰고 또 쓰는 건 당연했다. 이처럼 쓸모가 있을 때까지 제 몫을 한다는 것은 얼마나 소중한 것인가. 나도 죽는 날까지 쓸모 있게, 내 역할을 잘 하면서 살 수 있을까?

"쓸 만한 것을 왜 버릴까?"

쓰레기를 배출하러 쓰레기 집하장에 갔더니 종이상자들 가운데 작은 고동색 바구니가 눈에 띄었다. 아니, 멀쩡한 것을 왜 버렸지? 이 아까운 것을…. 1초의 망설임도 없이 바구니를 집어 들었다. 그러나 현관문을 들어서면서 나는 곧 반성을 했다. 나는 이게 문제다. 멀쩡한 것, 아까운 것, 쓰레기 집하장에 있는 물건들을 자꾸만 애처롭게 바라본다는 것이다.

누군가 쓸모가 없어서 버린 것인데, 왜 내 눈에는 자꾸 아깝다는 생각이 드는 걸까? 이러다가 우리 집이 고물상이 되지 않을까? 그러나 이 고동색 바구니가 온갖 생활쓰레기와 함께 소각되는 건 억울할 것 같다. 아직 나는 젊은데 왜 이렇게 생을 마감해야 하나, 눈물을 뚝뚝 흘릴 것 같다.

집으로 가져와서 세척 솔로 싹싹 닦았다. 다시 봐도 새것처럼 깔끔하다. 그리고 책상과 방바닥에 어지럽게 널려 있던 핸드폰과 카메라 등의 각종 충전 선을 모아 담았다. 깔끔하다. 역시 주워 오길 잘했어! 너의 자리는 바로 여기다. 앞으로 우리 같이 잘 살아보자.

엄마는 겨울이나 명절 무렵에 아궁이에 불을 지피는 전통 방식으로
두부를 만든다.

가마솥에 콩 냄새가 가득하다. 물에 불린 콩을 잘 갈아서 끓이는 것으로
두부 만들기는 시작된다. 긴 주걱으로 휘저어야 골고루 잘 익는다.
그런데 저 나무주걱, 어릴 때부터 사용한 것 같은데 얼마나 오래된 거지?

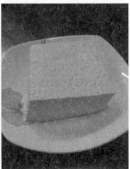

드디어 네모난 두부 완성!
두부는 금방 만들어서 따뜻할 때 먹으면 가장 맛있다.

2장          **나 누 는  재 미**

# 헌 옷은
## 어디로 갈까

우편함에 봉투가 불룩하게 튀어나온 우편물이 들어 있다. 종이봉투는 몇 군데 찢어져 투명테이프로 대충 붙어 있었다. 종이 서류는 아닌 것 같고 뭘까? 봉투를 열어보니 양모로 만든 양말이 한 켤레 들어 있고 양말 포장지엔 사진이 한 장 붙어 있다.

'몽골 환경난민들이 따뜻한 겨울을 날 수 있도록 따숨박스 캠페인에 참여해주셔서 감사합니다.'

아하, 따숨박스! 그제야 나는 이 선물이 무슨 의미인지 알 수 있었다. 사진에는 따숨박스를 앞에 두고 활짝 웃는 몽골 주민들이 있고, 사진 아래에는 따숨박스를 전한 날짜까지 친절하게 적혀 있었다. 값어치 있는 물건을 기증한 것도 아닌데 양말

선물까지 받고 보니 미안한 생각이 들었다. 그러나 기분은 좋고 마음도 따뜻해졌다.

유목민의 고향 몽골 초원에서 묵묵히 나무를 심고 있는 사람들이 있다. 우리나라 시민단체인 푸른아시아는 몽골 주민들과 우리나라 나무전문가와 함께 열심히 나무를 심어 황량한 초원에 숲을 가꾸고 있다. 몽골은 이산화탄소 배출은 매우 적지만 기후위기의 피해를 가장 크게 받고 있는 곳이다. 호수와 냇물이 바짝 마르고 초원의 풀도 무성하게 자라질 않아서 유목민들은 소와 말, 양, 염소 같은 가축을 키우기가 점점 힘들어지고 있다. 또 초원의 나무와 풀이 줄어들면서 사막이 넓어지자 황사의 발원지가 되었다.

이렇게 기후위기의 최전선에 있는 이곳에서 열심히 가꾸고 있는 숲은 황사와 기후위기 문제 해결에 매우 중요한 역할을 하게 될 것이다. 그런데 몽골의 겨울 추위는 너무나 혹독하다. 모진 겨울바람을 막아줄 산이나 숲이 없다 보니 몽골 주민들과 가축들은 겨울을 나는 것이 매우 힘들다. 푸른아시아에서는 몽골 주민들이 겨울을 따뜻하게 날 수 있도록 겨울옷과 신발, 장갑, 모자 같은 방한용품을 모으는 따숨박스 캠페인을 벌였다. 새 옷이 아니라 입던 옷이더라도 누군가 다시 입을 수 있는 깨끗한 상태라면 기증할 수 있다고 했다.

옷장 정리도 하고 기부도 할 수 있는 이 캠페인에 참여하지 않을 수 없었다. 옷장을 활짝 열어 두꺼운 겨울옷을 중심으로 정리를 했다. 옷 상태는 깨끗하지만 이제는 작아져서 입을 수 없는 옷을 골라냈다. 두꺼운 겨울 패딩과 겨울 긴팔 옷, 양말과 겨울 신발, 무릎담요까지 모으니 얼추 한 상자가 가득 찼다.

옷은 세탁해서 깨끗하게 보관하던 것이지만 혹시나 얼룩이 묻었거나 주머니에 뭔가 들어있진 않은지 다시 살폈다. 그리고 세탁이 필요한 것은 깨끗하게 빨아 말렸다. 버리기엔 너무나 깨끗하고 계속 보관하기엔 잘 손이 가지 않던 옷이었는데 기증할 수 있으니 이보다 더 좋을 수가 없다. 나에게는 소용없지만 누군가 소중하게 입어준다면 더할 나위 없이 좋고, 어두운 옷장에서 잠만 자던 이 옷들도 제 몫을 할 수 있으니 얼마나 기쁜 일인가?

옷을 정리할 때 나만의 기준도 있다. '몇 년을 입었는가' 그리고 '얼마나 자주 입고 있는가'이다. 십 년이 넘은 옷은 그만큼 수고했으니 이제는 보내주어도 괜찮다는 생각이 든다. 또 자주 입지 않은 옷은 나보다 이 옷을 아껴 입어줄 새 주인을 만나게 해주는 것이 훨씬 더 낫기 때문이다. 그러나 여러 해 동안 애지중지 아껴 입던 사랑스런 나의 옷들과 이별의 시간도 필요하다. 순간의 가벼운 판단으로 처분하고 나면 자꾸 아쉬움이 남고 허전한 마음이 들기도 하니 말이다. 한 벌 한 벌 저마다 처음 만났을 때의 기쁨과 그동안의 추억도 곱씹어본다. 정말 떠나보내도 괜찮은지 내 마음에게, 그리고 옷들에게도 물어본다. 물론 그들은 아무 말이 없지만 말이다.

이런 이별의 의식을 치르고 나면 새 옷을 살 때 마음가짐이 달라진다. 이 옷을 애지중지 십 년을 입을 수 있을까를 생각하게 된다. 요즘 한 철 입고 버리는 패스트 패션이 유행이고, 옷을 액세서리쯤으로 가볍게 생각하는 이들도 있지만 나에겐 있을 수 없는 일이다. 옷은 더위와 추위 등을 막으며 우리 몸을 보호해줄 뿐 아니라 그 사람이 어떤 사람인지 어떤 일을 하는지 등을 표현해주기도 한다. 옷을 소중하게 다루고 의미 있는 이별을 해야겠다. 오랫동안 사용한 물건에 대한 예의도 있으니 말이다.

이 외에도 옷 기증은 또 있었다. 한살림에서는 해마다 봄이면 옷과 가방, 신발, 모자, 담요, 수건, 커튼 등을 전국에서 모으는 '옷 되살림 운동'을 벌이고 있다. 이렇게 모은 옷을 비롯한 가방과 신발 같은 생필품을 중고 의류 도매상에 판매한 뒤, 이 기금으로 파키스탄의 학교와 빈민가 주민들을 돕는 활동을 하고 있다. 모으는 품목과 모으지 않는 품목을 정확하게 정리해서 안내하고, 버리는 것이 아니라 사용할 수 있는 것을 모아달라고 요청하고 있다. 이렇게 안내를 했더니 상태가 좋은 옷이 모이고 좋은 가격에 거래할 수 있었다고 한다.

2021년 미얀마 내전이 일어나면서 소수민족의 난민 캠프가 만들어졌는데, 물자가 매우 부족한 이곳에 지원할 생필품을 모으는 캠페인도 있었다. 옷과 속옷, 양말, 면생리대, 아기 담요 뿐 아니라 우기를 견딜 수 있는 비닐 천막과 우비, 방수 배낭, 비누와 손톱깎이, 피부약 연고 등 난민들에게 절실하게 필요한 물품을 지정해서 후원을 요청했다. 내가 사용하던 물건으로 누군가를 도울 수 있다니 참 괜찮은 방법이라는 생각이 들어 우리 집의 물건을 정리해서 보냈다. 이때 중요한 것은 누구도 탐내지 않을 버리는 물건이 아니라 누군가 소중하게 쓸 수 있는 것이어야 한다는 것!

　　헌 옷을 잘 정리해서 배출하지 않으면 또 다른 환경문제가 될 수도 있다. 아프리카 가나의 수도인 아크라에는 거대한 옷 쓰레기가 산을 이루고 있다. 아크라에 있는 세계 최대 중고 의류 시장인 칸타만토 시장은 전 세계에서 보낸 헌 옷들이 모이는 곳이다. 이곳에는 우리나라에서 수출한 헌 옷들도 쌓여 있다. 상인들은 도매상에게 견고하게 포장된 큰 옷 포대를 사서 그중에서 판매할 만한 옷을 골라내는데, 옷 포대는 무작위로 고르는 것이라 포장을 벗겨봐야 옷의 상태를 알 수 있다. 어떤 날은 판매할 만한 옷이 거의 없고 쓰레기에 불과한 낡은 옷이거나 가나 사람들이 입지 않는 옷들이 가득한 경우도 있다. 이 포대의 옷들은 모두 버릴 수밖에 없다.

이렇게 진열되거나 판매되지 못한 옷은 태우거나 의류 폐기장으로 보내는데, 이미 의류 폐기장 10곳은 포화 상태가 되어 폐쇄되었다. 그러자 옷 쓰레기는 마을과 바닷가에까지 함부로 버려지고 있다. 이렇게 쌓인 옷 쓰레기 더미에서 소들이 먹이를 찾아 헤집으며 낡고 더러워진 옷 조각을 질근질근 씹어 삼켰다. 바다로 흘러간 옷 쓰레기는 바닷속에 가라앉거나 파도를 따라 이동하면서 배의 추진기에 감겨 어민들을 위험에 빠뜨리고, 산호와 바다거북이 살던 인근 바다 생태계는 이미 오염되어 먼바다로 나아가야만 어업을 할 수 있게 되었다. 또 1980년대부터 전 세계 헌 옷들이 아주 싼값에 계속 수입되자 경쟁력이 없는 아프리카 직물 제조업체는 무너져버렸다.

도시의 골목길에는 의류 수거함을 쉽게 볼 수 있다. 우리는 옷을 적당히 입다가 의류 수거함에 넣으면 우리나라에서 재판매가 되든, 외국으로 수출하든, 잘라서 농업용 덮개를 만들든 누군가 입거나 재활용이 잘될 거라고 믿었다. 한때 골목에 여러 종류의 의류 수거함이 경쟁하듯 설치되고, 헌 옷을 모으려는 이들과 업체들의 경쟁이 치열할 정도로 인기가 높으니 어디선가 새로운 쓸모를 찾게 될 거라고 안심했다. 그러나 현실은 내가 버린 헌 옷이 아프리카의 생태계를 망치고 있다니 정말로 불편한 진실이 아닐 수 없다. 더구나 우리나라의 중고 의류 수

출액은 2022년 기준 세계 5위인 4650억 원이라고 한다. 1위는 미국(1조3408억 원), 2위 중국(1조1297억 원), 3위 영국(5707억 원), 4위 독일(4775억 원) 순이었다.

한 해에 만들어지는 옷은 1000억 벌, 전 세계 78억 명 인구보다 훨씬 많은 옷을 만들고, 판매되지 않은 옷은 폐기하거나 태우는 자원 낭비가 반복되고 있다. 우리나라 시민단체인 '다시입다연구소'에서는 안 입는 옷을 교환하는 캠페인을 벌이고, 수선 워크숍을 열어서 옷을 재사용해서 입는 문화를 만들려고 노력하고 있다. 프랑스는 2020년 '수리·수선 보조금 제도'를 만들었는데, 지정된 수선업체에서 옷과 신발을 수선하면 수선비에서 최대 25유로(약 3만 5000원)까지 할인받을 수 있고, 입지 않는 옷을 기부하여 재사용할 수 있게 했다. 또 프랑스는 판매되지 않은 의류와 신발의 재고 폐기를 금지하는 법도 만들어서 판매되지 않은 제품을 기부하게 하는 등 자원 낭비를 막고 환경에 미치는 영향도 줄이고 있다.

나의 옷장을 다시 찬찬히 살펴보았다. 즐겨 입어서 낡아진 옷과 새 옷이지만 어쩐지 손이 잘 가지 않는 옷, 좋아하는 옷이지만 내 몸에 맞지 않아 보관만 하는 옷 등 저마다 사연이 있다. 만약 이 옷을 헌옷수거함에 넣거나 재사용가게에 기증하면 누군가 나처럼 소중하게 입어줄까? 대개는 그렇지 않을 것 같다. 그래서 나도 수선해 입기로 했다.

바짓단이나 소맷단을 줄이는 정도는 가볍게 수선할 수 있고, 늘어난 옷의 일부 천을 뜯어내고 새로운 천으로 박음질도 해보니 뭐 그럭저럭 괜찮아 보였다. 겨울에 실내에서 입으려고 산 패딩 조끼가 너무 두꺼워서 외출복으로 만들려고 소매 부분을 만들어서 달았다. 안감과 겉감 천 사이에 솜도 넣어서 도톰하게 만드니 겨울 추위도 거뜬했다. 공장에서 만든 것처럼 깔끔하지 않고 뭔가 어색함이 있지만 자세히 살피지 않으면 눈치 챌 수 없을 정도는 된 것 같다.

재봉틀이나 전동 드라이버 같은 새로운 공구나 장비가 하나 생기면 예전엔 엄두도 못 냈던 일을 단숨에 해결할 수 있다. 왜 진작 구하지 않았던가. 그래서 예전에 어른들이 사람은 기술을 배워야 한다고 누누이 강조했지. 재봉틀 재미에 빠진 김에 그냥 쌓아두었던 옷감 천을 잘라 티셔츠도 만들어보았다. 목과 소매 부분에 알록달록한 색깔을 넣어 세상에서 하나밖에 없는 나만의 티셔츠를 완성했다. 전문가의 솜씨는 아니지만 약간의 기술을 배우면 내가 원하는 대로 옷을 수선해서 입을 수 있고, 헌 옷 쓰레기도 줄일 수 있다.

물론 모든 옷 수선이 성공한 건 아니다. 의욕에 넘쳐서 시작했다가 망치는 옷도 있었고, 폭 넓은 치마는 반바지로 만들려고 시도했다가 실패한 후 비교적 만들기 쉬운 앞치마로 변경

했다. 어쨌든 내 안목과 디자인이 더해져서 아주 특별한 이 옷, 낡아서 입을 수 없을 때까지 열심히 입어야겠다. 지구를 살린 다는 건 뭔가 거대하고 비장한 각오가 필요할 것 같지만 내가 할 수 있는 것부터 차근차근 시작하면 된다. 다만 작은 실천에 만 머물지 않고, 작심삼일 포기하지 않고, 조금씩 시야를 넓히 면서 한 단계씩 꾸준히 나아가면 충분히 잘하고 있는 것이다.

두꺼운 패딩 조끼에 소매를 달았다.
추운 겨울날 외출할 때 입을 수 있어서 좋다.

입기 불편한 치마를 반바지로 만들려다 실패하고 앞치마를 만들었다.
아니다 싶을 때는 얼른 방향을 바꿔서 무엇으로든 살려야 한다.

# 잘 돌려주는
# 기술

와인을 선물 받았다. 반가운 얼굴들이 만나는 송년모임에 갔더니 사람들은 저마다 한 해를 보내는 마음을 담아 여러 가지 선물을 준비해 왔다. 빈손으로 갔던 나는 좀 멋쩍은 기분이 들었는데, 헤어질 무렵엔 와인도 한 병 얻었다. 아, 이렇게 손이 부끄러울 줄이야. 미안한 마음과 고마운 마음이 뒤엉킨 채 선물을 고이 안고 집으로 돌아왔다.

식탁 위에 선물을 올려놓고 누구랑 함께 마실까 즐거운 상상을 했다. 친구들을 불러야겠군. 가까운 곳에 사는 친구들과 기분 좋게 마셨다. 그리고 뒷정리를 하다 보니 와인을 포장했던 종이 포장지가 눈에 띄었다. 단단하게 만들어진 고급스런 종이 포장지, 이것을 어떻게 할 것인가? 재사용할까? 좁고 긴 모양의 와인 전용 포장지로 제작된 것이라 다시 사용하기엔 애매했다. 물건을 담아두기에도 적당치 않고 가위로 잘라 다른 용도로 쓰기엔 아깝고, 버린다는 건 나로서는 상상할 수도 없는 일…. 며칠 동안 바라보며 이런저런 궁리하다가 결론을 냈다.

'그래, 돌려주자!'

가게에 돌려주기로 했다. 포장지에 적힌 가게 주소를 따라 홍대 근처까지 찾아갔다. 일부러, 기꺼이…! 근처에서 다른 볼일이 있어 겸사겸사 찾아갔더라면 좋았겠지만 당분간 그런 일은 없을 것 같아서 일부러 발품을 팔 수밖에 없었다. 굳이 이렇게 사소한 것에 집착하는 나의 이 집념이란 참!

"저…. 포장지 돌려주려고 왔어요."

너무 단단하고 좋은 포장지라서 다시 사용할 수 있게 돌려드리고 싶었다는 말에 가게 직원은 약간 얼떨떨한 표정을 지으며 웃었다. 와인을 사러 온 것도 아니고 겨우 종이 포장지 하나를 돌려주려고 일부러 찾아온 손님이라니…. 어색한 분위기를 모면하기 위해 나는 어색한 미소를 지으며 얼른 되돌아 나왔다. 어쩐지 뒤통수는 간질간질하고 얼굴은 화끈거리지만 마음은 홀가분했다. 부디 세상에 태어난 고급스런 포장지가 한 번 더 제 역할을 할 수 있기를….

이렇게 작은 일에 발품까지 팔며 나도 참 유별나다는 생각이 들었다. 그러나 나의 유별난 돌려주기 작전은 겨우 시작에 불과했다. 이날 이후 집 안의 물건을 스캔하듯 뚫어지게 살펴보았다. 세탁소 철사 옷걸이가 눈에 딱 들어왔다. 버리자니 아깝고 보관하자니 너무나 많고 흔해서 골치 아프다. 세탁소 이용을 거의 하지 않는 편인데 철사 옷걸이는 도대체 왜 이렇게 많을까? 그래, 돌려주자! 철사 옷걸이를 다 모아서 깨끗하게 씻은 후 동네 세탁소로 향했다. 과연 받아줄까? 거절당하면 어쩌지? 약간 떨리는 마음으로 세탁소 문을 열었는데, 의외로 세탁소 사장님은 흔쾌히 반겨주셨다. 옷걸이는 계속 쓸 수 있으니 얼마든지 기증해도 좋다고 하셨다. 오호, 뭔가 뿌듯해지는 기분이 들면서 재미가 생기고 용기도 솟았다.

다음 목표는 종이봉투였다. 나는 쇼핑을 할 때면 종이봉투나 비닐봉투를 거절하고 에코백이나 가방에 물건만 쏙 담아 온다. 그래도 집 안에는 종이봉투가 너무 흔하다. 선물이나 행사기념품을 담아 오고, 친구네 집에서 뭔가를 얻어올 때도 종이봉투에 담아 왔다. 우리 집엔 에코백이 많으니 알록달록한 이 종이봉투를 다시 사용할 일은 거의 없다. 그럼 어떡하지?

우리 동네 약국은 종이봉투를 기증받아서 여러 종류의 약을 사는 손님들에게 담아준다. 또 중고품을 파는 아름다운가게와 포장지 없이 알맹이만 파는 대표적인 제로웨이스트 가게인 알맹상점에서도 종이봉투 기증을 반긴다. 별도로 쇼핑백을 제작하지 않고 손님들이 기증한 흔하디흔한 종이봉투를 다시 사용하는 것이다.

스티로폼과 플라스틱 포장지 처리도 늘 고민스럽다. 쇼핑할 때 일회용 포장지에 든 제품을 고르지 않으려고 하지만 어쩔 수 없이 사용하게 되는 경우가 있다. 이때 얼룩이 묻지 않고 깨끗한 일회용 포장지를 깨끗하게 씻어서 그 가게에 되돌려주었다. 이건 좀 더 용기가 필요했다. 거절당할 각오를 하고 포장지를 내밀었다.

"맞아요. 손님들에겐 이런 포장지가 쓰레기지만 우리는 돈을 주고 사야 해요."

의외로 주인들은 반가워했다. 물론 세균이나 바이러스 문제 등으로 재사용이 어려운 경우도 있긴 하지만 말이다. 집에서 사용한 물건들 중에 버리기 전에 재사용하거나 기증 등의 방법으로 물건의 수명을 늘리는 방법은 꽤 다양하다. 눈을 뜨고 주변을 잘 관찰해보면 말이다.

나의 돌려주기 기술은 여기서 끝이 아니다. 몇 번의 시도가 성공하자 한층 더 탄력을 받았다. 어느 날 주방 서랍을 열어보니 포장을 뜯지 않은 빵칼이 여러 개 보였다. 동네 빵집에서 작은 치즈 케이크를 사면 늘 작은 플라스틱 빵칼이 들어 있는데, 정작 사용할 필요가 없어서 모아두기만 했다. 그냥 수저로 먹으면 되니까. 골목을 지나는 길에 빵집에 들러서 사용하지 않은 빵칼을 돌려줘도 되겠냐고 물었더니 사장님은 포장을 뜯지 않은 것이라면 받겠다고 했다.

오예! 집 안에 있던 빵칼을 싹 모아서 다시 빵집으로 갔다. 그런데 하필 그날은 사장님은 안 계시고 직원이 있었다. 빵을 사면서 빵칼을 돌려줬더니 영문을 모르는 직원은 어리둥절한 표정을 지었다. 여차저차 설명하고는 빵을 사서 빵집을 나왔다. 부디 버리지 않고 다시 써주기를….

한번은 우체국 택배를 받았는데 택배 상자가 너무 깨끗했다. 버리긴 아깝고 집에 보관할 장소는 없고 어쩜담? 그래, 돌려주자. 우체국에 가는 길에 택배 상자와 그 안에 들어 있던 뽁뽁이까지 챙겨 갔다. 우체국 직원에게 택배 상자를 보여주니 한 번에 오케이! 다시 사용하겠다고 했다. 과연 우체국에서도 받아줄까, 안 받아주면 집으로 되가져가야 하나, 괜한 걱정을 하며 마음을 졸였네. 흐흐흐.

내친김에 집 안 구석구석에 모아둔 작은 종이 상자를 싹 모아서 출판사로 가져갔다. 출판사에는 전국에서 책 주문이 들어오니 늘 작은 종이 상자가 필요하다고 했다. 차곡차곡 접은 상자를 보자기로 싸서 버스를 탔다. 우리 집에서 출판사까지는 겨우 15분 거리, 버스는 딱 5분만 타면 되고 종이 상자는 무겁지 않으니 큰 문제는 없었다. 마음 좋은 출판사 직원들은 잘 쓰겠다며 고마워했다.

강원도 인제 DMZ 지역의 평화·환경운동 단체에서 작은 꿀 두 병을 산 적이 있었다. 꿀을 먹고 나니 독특한 모양의 유리병이 남았는데, 이 유리병은 물병으로 사용하기엔 작고 양념통으로 사용하기에도 적절하지 않았다. 어쩌지? 고민하는 사이 다시 그 단체를 방문할 기회가 생겼다. 옳거니 가져가자. 그리고 그 유리병을 돌려줬더니 담당자분이 다시 사용하겠다며 반겼다. 이곳은 환경운동을 열심히 하는 곳이라 이런 일은 너무도 당연한 듯 보였다.

에코백은 친환경 생활의 대명사가 되었지만 너무 흔해서 탈이다. 여기저기에서 각종 기념품으로 받은 에코백을 잘 수납하고 잘 쓰는 것도 언제부턴가 마음의 짐이 되었다. 점박이물범 보호 운동을 하러 백령도에 정착한 환경운동가 친구의 얘기를 들으니, 서울에서는 흔하디흔한 에코백이 섬에서는 참 귀하다고 했다. 에코백을 구하기가 쉽지 않다고? 그렇다면 우리 집 에코백이 가야 할 곳은 바로 백령도다! 사용하지 않는 각종 에코백과 섬 생활에 필요한 물건들, 그 친구가 좋아하는 먹을거리 몇 가지를 상자에 담아서 보냈다.

작고 보잘것없어 보이는 흔한 물건이지만 곰곰이 생각해보면 이 물건이 있어서 훨씬 편리해졌고, 이것이 없을 땐 굉장한 불편을 느끼곤 한다. 또 집 정리를 할 때면 이런 자잘한 물건들을 어디에 수납해야 할지, 그냥 깔끔하게 버리는 게 나을지 늘 내적 갈등에 빠지곤 한다. 그러나 긴 고민 끝에 내린 결론은 늘 다시 잘 쓰일 수 있게 처리하는 것이다.

대개 쓰레기를 분리배출하면 재활용한다고 생각하지만 재활용품 중에는 여러 플라스틱 소재가 섞여 있어서 아주 품질이 낮은 플라스틱 제품을 만들거나, 복합 소재가 섞여 있어서 재활용하지 못하고 그냥 소각해버리는 경우도 흔하다. 그래서 내가 원하는 건 물건들이 함부로 버려지지 않고 적재적소에 다시 쓰이는 것이다. 그래야 내 마음이 흡족해지니까. 마음이 홀가분해질 정도로 잘 처리하려면 바쁜 일상에서 시간과 노력이 필요하다는 것이 문제이긴 하다. 세상일이 언제나 그렇듯 말이다.

# 중요한 건 껍데기가 아니라
## 알맹이야

설이나 추석이 되면 친척들이 우리 집으로 명절 인사를 왔다. 친척 아재와 아지매들은 명절 선물을 한 아름씩 들고 왔는데, 그중에 아이들에게 최고의 인기 선물인 과자 종합선물세트가 있었다. 제과회사에서 큰 상자에 다양한 과자를 담은 것인데 사탕과 껌, 스낵, 크래커 등 맛난 과자들이 가득했고, 시골 동네 구멍가게에서는 볼 수 없는 신기한 과자도 있었다. 온 가족과 친척들이 둘러앉아 명절 덕담을 나누며 과자 파티를 벌였다.

"이 포장지는 내 꺼!"

모두가 과자 맛을 즐기는 동안 나는 종합선물세트의 종이 상자와 포장지부터 냉큼 챙겼다. 과자도 좋지만 화려한 포장지가 더 탐났기 때문이다.

"너는 과자보다 왜 껍데기를 더 좋아하노?"

어른들은 고개를 갸우뚱했지만 나에게는 나름대로 큰 그림이 있었다. 과자는 먹어버리면 곧 사라지지만 종이 상자와 포장지는 여러 용도로 쓸 수 있으니까. 고급 종이로 만든 단단한 종이 상자는 학용품이나 장난감같이 나에게 소중한 물건을 보관할 수 있고, 하얗고 빳빳한 종이 상자에는 인형 그림을 그리면서 놀 수도 있어서 여러모로 좋았다.

반짝반짝 빛나는 화려한 포장지는 새 학기가 시작되면 새 교과서를 포장하는 용도로 썼다. 교과서는 가방 안이나 교실에서 금세 때가 타곤 했는데, 포장지를 씌워놓으면 일 년 내내 깨끗하게 쓸 수 있고 친구들의 교과서와 함께 두어도 내 책을 한눈에 알 수 있어서 이래저래 좋았다. 종이가 귀했던 시절에는 이렇게 종이를 재사용했다.

세월이 흘러도 명절 선물을 주고받는 건 여전하다. 택배 도착을 알리는 문자를 받고 현관문을 열어보니 커다란 명절 선물세트가 놓여 있다. 아이쿠, 고마워라. 올해도 잊지 않고 선물을 보내주셨구나. 이 무거운 선물을 집 앞까지 배달해주니 정말 고맙고 편리하다. 기분 좋게 선물세트 포장을 뜯기 시작했다.

주소가 적힌 포장지를 뜯어보니 견고한 택배 상자가 나왔다. 이 상자는 어떻게 활용하지? 내용물도 궁금하지만 습관처럼 포장 상자 활용법을 먼저 궁리하게 되었다. 상자 뚜껑을 여니 또다시 견고한 상품 종이 상자가 나왔다. 엥? 뭘 이렇게 두꺼운 종이 상자를 두 개씩이나…. 안쪽 상자를 여니 하얀 스티로폼 완충재가 위아래에 들어 있고, 과일은 또다시 그물망 포장재에 하나씩 싸여 있다. 귀한 명절 선물이니까, 과일은 상처 나지 않게 잘 배달해야 하니까 포장에 엄청 신경을 썼겠지. 그래도 다섯 겹이나 포장한 것은 분명 과대 포장이다.

이 포장지를 어떻게 활용한담? 맛있는 과일을 먹으면서 궁리를 시작했다. 물건을 담아두는 용도로 쓸까? 택배를 보낼 일이 생기면 써볼까? 상자를 잘라서 활용할 순 없을까? 일단 창고에 넣어두고 생각해보자. 그러나 창고에도 이미 이런 포장 상자들이 꽤 쌓여 있다. 안 되겠다. 창고가 포화 상태가 되기 전에 정리를 하자. 각종 상자의 박스테이프를 뜯어낸 후 접어서 쓰레기 집하장으로 옮겼다.

아이구야, 정말 많구나. 온갖 생활쓰레기를 분리배출하는 쓰레기 집하장에는 명절이 지나면서 종이 상자가 산을 이루고 있다. 스티로폼 상자도 평소보다 부쩍 늘었고, 생활쓰레기를 담아서 빵빵해진 종량제 쓰레기봉투도 엄청 쌓여 있다. 이 명절특집 쓰레기를 어쩌면 좋을까?

몇 년 동안 코로나 바이러스가 유행하면서 거리두기와 비대면 문화가 확산하자 배달음식과 택배 서비스가 최고의 인기를 누렸다. 덩달아 포장 쓰레기도 급격하게 늘었다. 3년이 지나면서 코로나 바이러스 유행은 잦아들고 일상으로 돌아왔지만 포장 쓰레기는 전혀 줄어들지 않았다. 경기 침체를 우려하는 목소리 때문에 정부의 일회용품 사용 규제 정책도 퇴보하면서 플라스틱과 스티로폼 등 일회용품 쓰레기도 점점 늘어나고 있다. 대형마트에 가면 이중, 삼중 과대 포장 상품을 흔히 발견할 수 있다.

예전엔 수박 한 덩이를 사면 그물 모양으로 된 노끈에 담아서 들고 오는 풍경이 흔했지만 요즘 마트에선 수박을 두 조각, 네 조각으로 잘라 견고한 플라스틱 포장에 담아서 판매한다. 포도는 견고한 종이 상자 안에서 스티로폼 그물망을 두르고 투명한 랩이나 비닐을 꽁꽁 싸매고 있다. 전통시장에서 야채는 끈으로 한 단을 묶어서 판매하지만 마트에서는 1인 가구를 위한 소포장이 늘어나 야채를 잘라서 플라스틱 포장지에 담아서 판매한다. 야채를 고르는 순간 플라스틱 쓰레기를 배출하게 되는 것이다.

나는 신선한 과일을 원했을 뿐인데 상품 가격에 포함된 포장지 값을 지불해야 하고, 과일을 먹은 후에는 플라스틱 쓰레기가 남고, 재활용 쓰레기가 아닌 경우에는 쓰레기 배출 비용도 지불해야 한다. 과연 내가 산 건 알맹이일까, 포장지일까?

이 과정에서 내가 선택할 수 있는 건 무엇일까?

요즘 한창 유행 중인 밀키트 상품은 또 어떤가. 손쉽게 요리할 수 있도록 손질된 식재료와 양념을 세트로 판매하는 밀키트 제품은 요리 재료마다 각각 비닐 포장이나 플라스틱 소포장이 되어 있어 요리 후에 많은 쓰레기를 남긴다. 이미 요리되어 끓는 물을 붓거나 전자레인지에 데우면 간편하게 먹을 수 있는 레토르트 식품도 비닐과 플라스틱 같은 포장 쓰레기를 겹겹이 남기는 건 마찬가지이다.

이런 포장 쓰레기 문제를 알리기 위해 플라스틱 어택(plastic attack) 운동이 벌어졌다. 이것은 불필요한 플라스틱 사용을 줄이기 위해 물건을 구입하고 나서 과도하게 포장된 상품의 포장지를 마트에 버리고 오는 운동을 말한다. 2018년 3월 영국에서 처음 시작된 플라스틱 어택은 그해 4월 중국발 쓰레기 대란 이후 쓰레기 문제에 대한 경각심이 높아지면서 세계 곳곳으로 퍼져 나갔다.

우리나라에서도 2018년 7월 서울시 마포구의 대형마트에 쓰레기 문제에 관심이 많은 시민들 30여 명이 모였다. 이들은 머리와 팔 등에 비닐봉지를 쓰거나 묶는 등 쓰레기 문제의 심각성을 알리는 퍼포먼스와 함께 마트에서 장을 본 뒤, 알맹이는 각자 가방이나 장바구니에 담고 수북이 쌓인 비닐과 플라스틱 같은 포장지는 모두 모아 마트에 돌려줬다. 그리고 '더 이상 쓰레기를 사고 싶지 않다'는 구호를 외쳤고, 국내 5개 대형마트에 플라스틱을 줄이자는 의견을 전달했다. 소비자들이 사려는 것은 껍데기가 아니라 알맹이라고….

이 플라스틱 어택은 다양한 방식으로 진화했다. 화장품 용기는 매우 고급스럽고 다양하지만 재활용은 되지 않고 있는데, 시민들이 이 화장품 용기를 모아서 종류별로 분류한 뒤 화장품 회사에 재활용 용기로 바꿀 것을 요구했다. 견고한 캔에 담긴 햄 제품은 유독 노란색 플라스틱 모자를 쓰고 있는데, 구매하자마자 쓰레기가 되는 이 플라스틱을 모아서 햄 생산 회사에 보내면서 기업의 변화를 요구했다.

이 외에도 케이크를 사면 받게 되는 빵칼과 과자 안에 들어 있는 플라스틱 트레이, 아이스크림용 플라스틱 숟가락, 종이팩 음료에 부착된 플라스틱 빨대, 정수기 필터, 일회용 죽 용기 등 불필요하거나 과잉 부착된 제품을 시민들이 열심히 찾아내고 모았다. 그리고 해당 기업에 편지를 써서 보내면서 환경을 생각하는 소비자의 인식이 높아진 만큼 기업도 변해야 한다는 의견을 전달했다. 다양한 시민단체와 소비자단체들이 참여했는데 그중 기업으로부터 생산 과정을 바꾸겠다는 답장을 받은 경우도 있고, 명절 햄 선물세트와 과자류 등 일부 제품에서 플라스틱 용기가 빠지는 경우도 생겼다.

오랜만에 고향집에 갔더니 늘 그랬듯 엄마가 갖가지 채소를 잔뜩 챙겨줬다. 그중에서 동글동글 귀여운 애호박이 호박잎에 싸여 있었다. 보드라운 애호박이 다치지 않게 두꺼운 호박잎이 여러 겹 감싸고 있었다. 맞아, 우리에겐 호박잎이 있었지. 동남아 지역에서 두꺼운 바나나 잎으로 음식이나 채소를 돌돌 말아 포장하는 걸 보면서 우리나라에도 이런 잎사귀가 있지 않을까 생각했었다. 자연이 만든 포장지, 쓰레기를 남기지 않는 천연 포장지는 생각보다 가까이에 있었다.

물건을 구입하고 나면 쓰레기 문제는 으레 소비자의 몫이자 부담이 된다. 분리배출을 잘해야 재활용률도 높아진다는 것이다. 맞는 말이다. 그런데 기업이 애초부터 포장용기를 수거하거나 자연 재료로 포장지를 만들어서 환경에 미치는 영향을 줄이면 소비자의 부담은 한결 가벼워지지 않을까? 대형 가전제품을 구입하면 기존에 사용하던 TV나 세탁기, 냉장고 등과 포장 상자를 기업에서 회수하는 '생산자 책임 재활용 제도'가 있고, 소주병이나 맥주병을 슈퍼에 가져가면 100원을 돌려주는 '공병 보증금 제도'도 있다.

이런 제도를 음료수 병이나 잼이나 소스의 유리병, 화장품 용기 등 다양한 제품으로 확대하는 방법도 있다. 유리병이나 플라스틱 용기를 몇 가지 규격으로 만들어서 회수한 뒤 세척해서 다시 쓰는 방법도 좋겠다. 자연 재료로 포장지를 만들어서 길거리나 숲에 그냥 버려도 며칠이 지나면 쉽게 분해되어 자연으로 돌아가면 얼마나 마음 편하고 좋을까? 지금 우리에게 닥친 환경문제를 해결하려면 더 많은 상상력과 노력이 필요하다. 많은 사람들이 지혜를 모으면 더 나은 방법은 분명히 있을 테니까.

예전엔 수박을 사면 그물 모양으로 된 노끈에 담아 들고 왔지만,
요즘 수박은 견고한 플라스틱 포장지를 입고 있다.

애호박이 다치지 않게 두꺼운 호박잎으로 감쌌다.
이 자연 포장지는 쓰레기를 남기지 않아 더욱 좋다.

# 의미 있게
# 이별하는 법

"어머나, 너무 좋아요! 너무 예뻐요!"

그녀는 현관문을 들어서자마자 발을 동동 구르며 좋아했다. 키가 큰 그녀는 우리 동네 어딘가에서 사는 이웃이고, 우리 집에 있는 종이 상자를 받으러 찾아온 길이었다. 동네 사람들이 모인 SNS 커뮤니티에 사용하지 않는 물건을 나눔하겠다는 글을 올렸더니 한달음에 달려온 것이다. 그러니까 우리는 오늘 처음 만난 사이다.

크기가 다양하고 알록달록한 선물 상자와 포장 상자, 어디서 얻어온 것인지 출처마저 가물가물한 종이 상자들이 집 안 곳곳에 보물찾기하듯 숨어 있다. 모양과 색깔이 예뻐서 언젠가 쓸모 있을 것 같아 모아두었지만 수년째 보관만 하고 있었다. 부피도 많이 차지해서 골치 아팠다. 이것을 누군가 소중하게 사용해주면 얼마나 좋을까? 필요로 하는 이에게 기꺼이 기증하고 싶은데 아무도 받으려 하지 않으면 어쩌지? 약간 걱정하는 마음으로 동네 SNS에 사진을 올렸는데 금세 새 주인이 나타나 기꺼이 우리 집까지 달려왔다.

그녀의 부모님이 액세서리 가게를 하고 있는데 물건 포장용으로 종이 상자가 많이 필요하다고 했다. 우리 집에 있는 상자를 보니 예쁠 뿐 아니라 보관 상태도 좋아서 정말 맘에 든다고 했다. 잘 쓰겠다며 거듭 인사를 하고 설레는 마음으로 종이 상자를 한 아름 들고 가는 그녀를 바라보니 역시 주인은 따로 있구나 싶었다. 쓸모 있게 잘 쓰겠구나 나도 흐뭇했다.

더 이상 사용하지 않는 살림살이를 하나하나 비우는 중이다. 다들 사연이 있고 추억이 있는 물건이라 막 버릴 순 없고 '천천히, 의미 있게' 정리하고 있다. 재사용 가게에 기증하기도 하고 쓰레기 분리배출로 내놓을 수도 있지만 이왕이면 종이 상자처럼 꼭 필요한 누군가가 새 주인으로 '짠' 등장했으면 좋겠다. 그래서 물건마다 어떻게 정리하는 것이 최선인지를 궁리하고 있다.

주방에 설 때마다 늘 드는 생각, 설거지거리는 왜 이렇게 많을까? 식사는 간단하게, 반찬 몇 가지를 요리했을 뿐인데 설거지를 하려고 보면 냄비와 프라이팬, 반찬통들이 잔뜩 쌓여서 산을 이루고 있다. 누가 보면 거하게 잔치라도 벌인 줄 알겠다. 주방용품은 종류도 다양하지만 일 년 내내 잘 사용하지 않아 싱크대 안에서 잠만 자는 녀석들이 있다.

컵과 그릇, 접시, 보온병, 그리고 국자와 집게 같은 주방소품들을 모아 동네 SNS에 올렸더니 중년의 여성분이 찾아왔다. 외국인 학생들이 묵을 하숙집을 새롭게 꾸미고 있는데 주방에 갖춰야 할 조리도구가 많이 필요하다고 했다. 얘기를 듣고 보니 뭐든 더 챙겨주고 싶어졌다. 잠깐의 만남이지만 가까이에 열심히 사는 이웃들이 있고 그들의 사는 이야기를 듣는 게 참 재밌다.

여러 번 사용해서 뻣뻣해진 수건과 담요는 야생동물구조센터에 기증했다. 다치거나 병이 들어 구조된 동물들이 치료를 받는 동안 수건이나 담요로 몸을 따뜻하게 덮어준다. 그런데 동물들이 이것을 물어뜯거나 똥이나 분비물이 묻어서 계속 교체해주려면 늘 많은 양의 수건과 담요가 필요하다고 한다. 곧바로 사용할 수 있게 수건과 담요를 깨끗하게 빨아 종이 상자에 차곡차곡 담아서 보냈다.

내가 회원 가입한 안동환경운동연합에서는 한 해 사업을 마무리하는 총회를 열면서 기부받은 물품을 서로 나누는 자리를 마련했다. 집에서 쓸모 없어진 물건을 필요한 사람에게 나누는 환경단체다운 친환경 행사였다. 5천 원, 만 원 쿠폰을 구입한 뒤 진행자가 번호를 추첨하면 다양한 기부 물품 중에서 내가 원하는 것을 고를 수 있다. 그리고 쿠폰 비용은 그날 뒤풀이 식사비로 지불한다고 했다. 마침 잘됐다 싶어서 가방과 장갑, 스테인리스 그릇, 소형 가전, 각종 주방용품 등을 챙겨서 기증했다. 내가 기증한 물품을 누군가 고른 뒤 맘에 든다며 기뻐하는 표정을 보니 내 마음도 흐뭇했다. 집 정리도 하고 물건에게 새 주인도 찾아주고, 이것이 나눔의 즐거움이구나 싶었다.

어디선가 얻은 작은 여행용 캐리어는 내가 쓰기에는 크기가 어정쩡했다. 캐리어 사진을 찍어서 SNS에 올렸더니 우리 동네에 사는 여성분이 필요하다고 했다. 중학생 아이가 수학여행을 가는 데 사용하면 딱 좋겠다고 했다. 우리는 학교 운동장에서 만났다. 그분은 고맙다며 투명테이프와 절전형 멀티탭을 주셨다. 오호, 두 가지 다 내게는 필요한 것이다.

이제는 더 이상 사용하지 않아서 나눔하는 것인데, 빈손으로 받기만 하기가 미안하다며 음료수를 건네주는 분이 있고, 엽서와 작은 화분을 선물로 주는 분도 있었다. 선물이나 물물교환 같은 걸 바라진 않았지만 주고받는 즐거움도 쏠쏠하다. 그리고 그분도 이웃들과 뭔가를 나눠야겠다고 했다. 나눔할 때마다 느끼는 것은 우리 마을에 다양한 사람들이 살고 있고, 세상엔 마음 따뜻한 사람들이 참 많다는 것이다.

또 내가 가진 물건 중에 나눌거리도 많고, 내게는 쓸모 없어졌지만 누군가에게는 발품 팔아 기꺼이 찾아올 정도로 필요한 물건이 될 수도 있다는 것이다. 어쨌든 원하는 사람을 찾아가니 홀가분하고 기쁘다. 새 주인들이 좋아하는 표정을 보니 자꾸만 나눠 주고 싶다. 이 맛에 나눔을 계속하게 된다. 비우는 즐거움도 중독성이 있나 보다. 하나를 비우고 나면 그 여백의 기쁨이 있어 다시 뭔가를 비우고 싶어진다.

우리 집에 가장 많은 것은 단연 책이다. 다 읽은 책과 아직 읽지 못한 책, 오랫동안 보관만 한 책들이 책장 여러 곳에 꽂혀 있는데, 글을 쓸 때 참고할 책 외에는 읽고 나면 정리를 해야 한다. 책 쓰는 일을 하다 보니 다른 작가가 쓴 책도 얼마나 정성을 기울였을지 알기에 함부로 할 수가 없다. 이 귀한 책을 어디로 보낼 것인가?

청소년 책을 한 상자 골라내어 시민단체가 운영하는 북카페에 기증하고, 어린이 환경책을 또 한 상자 골라내어 환경교육을 하는 기관에 보냈다. 소설책과 에세이, 여행기 같은 여러 종류의 책은 지역에서 작은 책방을 운영하는 후배네 집으로 여러 차례 보냈다. 묵직한 환경전문 책은 환경에 관심이 많은 분들이 모이는 환경단체에 기증했다. 책은 취향이 뚜렷한 것이라 누가 읽을 것인지 고려해서 적재적소에 잘 보내는 것이 중요하다.

이렇게 여러 달 동안 천천히 물건을 내보내고 나니 집이 약간 가벼워진 기분이 든다. 미니멀리즘 라이프까지는 아니더라도 우리 집의 건물 하중을 좀 줄이고 싶다. 그러나 아직도 구석구석 물건들은 여전히 많다. 올봄에도 몇 상자가 우리 집에서 빠져나갔다. 과연 우리 집엔 여백이 생겼을까? 휘 둘러보니 아무런 변화도 없는 것 같다. 일 년에 한 번도 쓰지 않은 물건들이 숨바꼭질하듯 숨어 있다. 달팽이처럼 집을 지고 산다면 과연 이 많은 물건에 욕심냈을까?

소유하고 있는 물건이 너무 많은 세상이 되었다. 살림살이가 발 디딜 틈 없이 가득 찬 집들이 많고, 행사장에선 공짜로 나눠주는 기념품들도 흔하다. 시장이나 마트에선 싼값에 살 수 있는 물건들이 유혹한다. 이사할 때는 시원하게 넓어 보였던 집이 금세 비좁아지고 갑갑해진다. 버리고 비워도 짐은 기하급수적으로 늘어난다. 이 물건들은 도대체 어디에서 왔을까?

미니멀리즘을 주제로 한 방송을 보니 한 사람이 가진 물건 개수의 평균은 1만 개라고 한다. 그중에서 20퍼센트만 사용하고 80퍼센트는 보관만 할 뿐이라고 했다. 자연스레 우리 집을 둘러보았다. 그러고 보니 지금 내가 사용하고 있는 것보다 언젠가 쓸 것 같아서, 버리기 아까워서 모아둔 물건이 더 많다. 구석구석 참 알뜰하게도 수납해두었다. 과연 이것은 내가 사는 집인가, 물건이 사는 집인가?

우리 집에선 천덕꾸러기 짐짝에 불과한 물건도 누군가에게는 아끼는 물건이 되어 이 세상에 태어난 제 몫을 할 수 있으면 좋겠다. 사람으로 태어나 제 구실을 하고 살아야 하듯 물건 또한 소멸하기 전까지 제 몫을 다하고 싶지 않을까? 그래서 우리 집에서 먼지만 뒤집어쓴 채 세월을 보내던 물건에게 새로운 기회를 주기로 했다. 부디 제 갈 곳을 찾아 떠나라.

나눔할 때도 고민되는 선택의 순간이 있다. 물건을 나눔할 적당한 곳을 골라서 그곳에서 필요로 하는 물건만을 선별해서 상자에 차곡차곡 담아야 하고 택배비도 지불해야 한다. 어떨 땐 우체국까지 가져가서 부쳐야 할 때도 있다. 버리고 비우는 것도 돈이 든다는 사실! 그냥 분리배출하면 돈도 쓰지 않고 간단한 일이지만 차마 그렇게 버릴 수는 없다. 1번 번거롭더라도 돈을 지불하더라도 의미 있게 쓸 적절한 곳에 보낸다, 2번 그냥 분리배출한다, 어떻게 할까 늘 고민하지만 결국 1번을 선택하게 된다. 마지막 이별은 언제나 의미 있는 곳으로 보내고 싶으니까.

# 천 마스크,
## 감염병 시대의 작은 선물

한때 '패션의 완성은 얼굴'이라는 '패완얼'을 주장했지만 감염병 시대의 패션의 완성은 '패완마', 바로 마스크이다. 그날의 옷차림에 어울리는 마스크를 착용하는 센스가 무척 중요해졌다. 얼굴의 반 이상을 가리는 것이라 옷과 함께 색상의 톤을 맞추는 것도 생활의 작은 즐거움이 되었다. 무난한 것을 원하는 이들이라면 흰색이나 회색, 검은색 마스크를 선택하지만 늘 비슷한 마스크를 착용하는 건 지루하다. 그래서인지 마스크를 고르는 사람들의 안목은 매우 깐깐해졌다.

어떤 이는 마스크의 색상을 중요하게 생각하고, 어떤 이는 바이러스 차단율을 매우 중요하게 여기고, 누구는 피부에 닿는

질감을 중요하게 생각하는 등 저마다 취향도 다르다. 이 중에서 나는 피부에 닿는 천의 재질에 민감한 편이다. 땀을 잘 흡수하면서도 통풍이 잘되어서 숨 쉬기 편한 재질, 그리고 세탁을 해도 주름이 잘 생기지 않아서 다림질이 필요 없는 천 마스크가 좋다.

코로나 바이러스가 3년 동안이나 대유행하면서 마스크는 생활필수품이 되었다. 외출할 때면 마스크부터 챙기고, 여분의 마스크가 얼마나 남아 있는지 확인하는 게 일상이 되었다. 서로의 안부를 물으면서 가까운 이들에게 나눠 주는 마스크 인심도 후해졌다. 그전에는 감기에 걸려 기침이 심하게 나는 경우에 마스크를 착용한 적은 있지만, 일상생활에서 이렇게 오랫동안 마스크를 사용하게 될 줄은 미처 몰랐다.

2020년 처음 정부에서 사회적 거리두기와 마스크 착용을 권고할 때는 몇 달가량 불편을 감수하면 될 거라고 생각했다. 몇 주도 힘든데 몇 달씩이나⋯. 처음 겪어보는 이런 비상 상황이 당황스럽고 답답했다. 까마득했지만 어쩌랴. 되도록 외출을 줄이면서 예전에 사용하던 면 마스크 두어 개와 일회용 마스크 몇 장만으로 견뎠다. 봄이 되고 날씨가 더워지자 마스크가 이내 땀에 젖어 눅눅하고, 안경에도 습기가 차는 등 불편한 것이 한두 가지가 아니었다. 숨을 내쉬면서 마스크가 젖으니 하루에도 몇 번씩 바꿔서 착용해야 했다.

일회용 마스크는 소재 특성상 답답하고 화학약품 냄새도 살짝 나고 자꾸 흘러내리는 등 영 불편했다. 초기에는 일회용 마스크의 가격도 비쌌던 편이라 잠깐 외출할 때 사용한 후 버리기엔 부담스러웠다. 그렇다고 다시 사용하기도 찜찜했다. 한때 약국 앞에 마스크를 사려는 긴 줄이 생기기도 했지만, 거리두기 기간이 점점 길어지자 사람들은 다른 방법을 찾기 시작했다. 이대로는 안 되겠다. 돈을 감당할 수가 없어!

날마다 쓰고 버리는 일회용 마스크의 비용과 쓰레기를 생각하면 지속 가능한 방법을 찾아야만 했다. 일회용 마스크가 골목길에 나뒹구는 비양심도 속속 등장하고, 버려진 마스크가 바다로 흘러가 새와 바다거북 같은 해양생물의 목과 발에 감긴 사진이 충격을 주기도 했다. 이처럼 마스크를 착용하면서 느끼는 불편한 점이 다양하다 보니 저마다 까다로운 조건과 요구사항을 얘기하곤 했다. 뭐 좋은 방법이 없을까?

그 일은 우연에서 비롯되었다. 버스를 같이 탔던 녹색연합의 친한 후배의 부탁으로 시작되었다. 우리 집 근처에 있는 공방에서 만든 천 마스크를 몇 장 사달라고 부탁했다. 다음에 만날 때 전해달라고 하면서…. 공방 선생님에게 연락했더니 바빠서 당분간 마스크를 만들 겨를이 없다고 했다. 그럼 어쩌지? 그냥 내가 만들어볼까? 공방 선생님에게 천 마스크 만드는 법을 배운 적이 있고, 마침 마스크의 패턴도 얻어 온 게 있고 자투리 천들도 넉넉하게 있었다. 흠, 일단 조건은 완벽하군.

집에 있던 자투리 천을 패턴 크기에 맞게 자른 뒤 재봉틀로 천천히 박았다. 공방 선생님에게 배운 대로…. 천 마스크는 크기가 작고 모양은 단순하지만 얼굴 모양에 맞게 곡선이 많은 편이고 재봉질도 아주 꼼꼼하게 해야 했다. 오호, 괜찮은걸. 생각보다 어렵지 않은걸? 바이러스 차단율을 높이기 위해 천을 두 겹 또는 세 겹으로도 만들어보고, 피부에 닿는 안쪽 천은 부드러운 면을 선택했다. 입김으로 인한 습기와 땀을 흡수할 수 있도록….

안경을 낀 사람은 마스크의 콧대도 중요하다. 안경에 김 서림이 생기면 여간 불편한 게 아니니 말이다. 계단을 내려가다 언젠가 한번은 꽈당 넘어지진 않을까 걱정스럽기도 했다. 그 무렵 동네에 사는 이웃이 우리 집으로 놀러 오면서 일회용 마스크의 철사 콧대를 몇 개 모아서 가져왔다. 이 철사를 내게 주면 어떻게든 재사용 방법을 연구할 것 같다고 했다. 그래, 그럼 더 연구를 하자. 마스크 윗부분을 박음질해서 철사 콧대를 끼웠다. 오호, 이 정도면 판매해도 되지 않을까? 크크크.

첫 번째 주문 고객인 친한 후배에게 원하는 마스크의 조건에 대해 물어보았다. 자신은 짙은 색깔의 옷을 주로 입으니 마스크도 검은색이나 남색의 짙은 색상이 좋다고 했다. 흰색, 회색의 단순한 색상도 괜찮지만 노랑, 빨강 같은 화려한 색이나 특히 꽃무늬가 들어가는 디자인은 절대 안 된다고 강조했다. 그리고 얼굴에 착 붙는 착용감과 부드러운 천 재질을 원했다. 역시나 첫 고객님은 '깐깐'했다. 고객님의 주문사항에 맞춰 특별 제작한 핸드메이드 마스크를 전해주면서 사용 후 소감을 알려달라고 했다. 고객의 목소리에 귀 기울이면서 연구 개발하여 더 나은 제품을 만들어야 하니까. 흐흐흐.

뉴스를 보면 코로나 확진자는 점점 늘어만 가고 지난달에도, 이번 달에도 사회적 거리두기는 계속되었다. 웬만한 볼일 아니면 외출을 줄이고 집 안에만 있으니 재봉틀이 가장 좋은 취미가 되었다. 밤이고 낮이고 재봉틀을 열심히 돌렸다.

새로운 마스크를 만들 때마다 사진을 찍어서 페이스북에 올렸다. 알록달록한 마스크가 귀엽다, 탐난다, 재봉틀을 돌리는 손재주가 있는 줄 몰랐다 등 페친들의 의견은 다양했다. 내친김에 이벤트를 열어보기도 했다. 마스크 콧대 철사 열 개를 모아 오면 내가 만든 핸드메이드 천 마스크를 선물하겠다고…. 그러자 환경 선생님은 학교에서 마스크 콧대 철사 수십 개를 모아서 우편으로 보내주셨다. 감사의 마음으로 내가 만든 마스크와 저자 사인을 담은 내 책을 선물로 보내드렸다. 아주 좋아하셨다. 서로 훈훈한 거래가 이루어졌다.

"오호, 너무 좋은데요. 얼굴에 착 맞고 부드러워서 착용감이 좋아요."

이번 고객님의 반응도 대만족이다. 동네에서 아는 분이 천 마스크가 필요하다길래 가까운 카페에서 만나 차를 마시면서 천 마스크를 몇 장 건넸더니 매우 만족스러워했다. 일회용 마스크를 주로 사용하지만 답답할 뿐 아니라 자꾸 흘러내려서 불편하다고 했다.

그에 비해 천 마스크는 습기를 흡수하고 부드러운 면 소재라서 얼굴에 닿아도 보드랍고 숨 쉬기도 편하고 세탁해서 계속 사용할 수 있으니 쓰레기 걱정도 없어서 더욱 좋다고 했다. 더구나 이 천 마스크는 자투리 천과 콧대를 만드는 철사 등을 재사용한 친환경 제품이라 할 수 있다. 또 입김과 땀으로 마스크가 젖어도 오전과 오후, 저녁까지 하루에도 여러 장 바꿔가면서 착용할 수 있다. 다시 세탁해서 사용하면 되니까. 부담 없이 쾌적하게 사용할 수 있다는 사실!

한편 깐깐한 첫 고객님의 착용 후기가 제일 궁금했다. 면으로 된 마스크라서 착용감이 좋고 약간의 땀 흡수도 되고, 베이지와 남색 마스크는 옷 색깔과 맞추기도 좋다고 했다. 무엇보다도 마스크를 자랑하려고 허리를 펴게 되니 척추 건강에도 좋다고 했다. 까다로운 고객님의 입담에 같이 깔깔 웃었다.

거리두기가 계속되는 동안 집 안에서 재봉틀을 열심히 돌려

새로운 마스크를 차곡차곡 만들었다. 그리고 천 마스크를 원하는 친구들에게 나눠 주고 만나는 이들에게도 종종 나눠 줬다. 누군가를 만날 약속이 생기면 천 마스크를 여러 장 챙겨가서 테이블 위에 펼쳐놓은 뒤 맘에 드는 걸 직접 고를 수 있게 했다. 코로나 대유행이라는 초유의 사태를 견디기가 힘들지만 건강하게 잘 이겨보자는 의미의 작은 선물이었다. 여러 가지 색깔과 재질의 천에다 마스크의 끈도 여러 가지 색깔로 변화를 줬다. 주로 작은 여성용 마스크를 만들었지만 크기가 좀 더 큰 남성용 마스크도 만들어보았다.

마스크 착용이 길어지니 사람들은 마스크 색깔에 변화를 주고 싶어 했다. 무료한 생활에 작은 재미랄까. 대체로 겨울에는 남색이나 검은색의 짙은 마스크를 좋아하고, 여름에는 흰색이나 베이지색 같은 밝은 색깔을 좋아했다. 그중에서 베이지색의 무난한 색감을 가장 많이 선택했다. 여인들 다섯 명이 모이는 모임에 갔더니 한 명을 제외한 모두가 내가 만든 마스크를 착용하고 있었다. 그동안 마스크를 정말 열심히 만들어 선물했구나, 새삼 뿌듯했다. 내가 쓴 책 중에서 가장 인기 있는《고릴라는 핸드폰을 미워해》의 제목과 연관시켜서 사람들은 우리 집을 '고릴라 공방'이라고 부르기 시작했다.

그리하여 본의 아니게 공방을 열게 되었다. 정식 공방이라기보다는 시간 날 때 혼자 재봉틀을 돌리는 수준이라 뭔가 어설프고 생각할수록 웃겼지만 여러 사람들의 아이디어가 모이고 모이니 재밌는 일들이 계속 이어졌다. 내가 만든 마스크를 좋아하는 고객들도 늘어나니 더욱 열심히 재봉틀을 돌리게 되었다.

이왕 이렇게 된 거 더 재밌는 일을 벌여보고 싶었다. 새로 시작되는 봄과 여름 시즌에 맞춰 고릴라 공방에서 새로 출시할 마스크 디자인을 '과감'으로 정했다. 꽃무늬가 그려진 천이나 노랑, 연두, 빨강 같은 과감한 색감을 선택하고, 마스크의 끈도 알록알록하게 화려한 마스크를 만들었다. 2년 이상 비슷한 마스크만 착용하면 지겨울 수 있으니 말이다. 이 마스크의 이름은 '웬만하면 착용 못할 마스크', '도전 욕구 치솟는 마스크'로 정했다.

역시나 사람들의 반응은 뜨거웠다. 디자인은 신선하지만 착용할 용기가 나질 않는다, 개성 강한 사람들이나 도전하겠다 등…. 즉각적인 반응이 나왔다. 어떤 이는 소박하게라도 마스크 전시회를 열어보자고 제안하기도 했다. 그 무렵 러시아와 우크라이나 전쟁이 일어나면서 평화를 기원하는 의미에서 우크라이나 국기 색상이 들어간 마스크도 만들어봤다. 이처럼 작은 마스크 하나로도 의미를 담고 메시지도 전달할 수 있고, 일상에서 사람들과 재밌는 이야기도 나눌 수 있었다.

내 손으로 뭔가 만드는 일은 참 중요하고도 보람 있다. 공장에서 만든 제품을 사는 재미도 좋지만, 내가 원하는 것을 직접 만들어 사용하고 수선이나 수리를 해서 내 맘에 딱 드는 물건으로 만드는 재미도 쏠쏠하다. 내가 만든 물건이라 애착도 강해지고 보다 더 자주 사용하게 된다. 우리 부모님 세대에서는 재봉틀로 옷을 만들거나 대나무로 바구니를 짜고, 돌로 담장을 쌓거나 장정 몇 명이 힘을 모아 집 한 채를 거뜬히 짓기도 했다.

이런 기술들은 마을마다 지역마다 고유한 전통 기술로 전해 내려왔지만 이제는 거의 사라져가고 있다. 우리 세대는 스마트폰이나 노트북 등 전자기기를 다루는 능력에는 점점 더 익숙해지지만 내가 사용할 물건을 만드는 생활 기술은 배울 기회가 거의 없다. 사라져가는 전통 기술까지 익힐 순 없다 하더라도 재봉 기술만이라도 더 능숙하게 다루고 싶다. 재봉틀을 돌려서 뭔가를 만드는 일은 세상 즐거운 취미이기도 하다.

누군가 내게 이렇게 말했다. 천 마스크를 열심히 만들어서 일회용 마스크를 줄이는 것은 재봉틀로 지구를 구하는 일이라고…. 아니, 이렇게 거창한 의미 부여는 부담스럽군. 우리의 진정한 목표는 그저 마스크 착용이 필요 없는 안전하고 건강한 세상을 만드는 것이니까.

알록달록한 천 마스크.
자투리 천을 이용한 초기 작품이라 할 수 있다.

가장 인기 있는 마스크는 단연 베이지색 같은 차분하고 단순한 것이다. (왼쪽)
여름에 출시한 신제품은 '웬만하면 착용 못할 마스크'. 너무 화려해서 다들
고개를 저었다. (오른쪽)

3장 **초록초록, 식물과 더불어**

# 나비란,
# 동네를 점령하라

우리가 처음 만난 곳은 인천 앞바다에 있는 큰 섬 덕적도였다. 그 섬에 있는 할아버지의 마당에는 화분들이 나란히 놓여 있고, 볕이 잘 들어 다양한 식물들이 잘 자라고 있었다. 식물에 대한 주인 부부의 관심과 애정이 물씬 느껴질 정도로 깔끔하게 가꿔져 있었다. 그중에서 유독 눈에 띄는 것은 접란이라고 부르는 나비란이었다. 풍성하게 자란 나비란에는 새순들이 하늘하늘 매달려 있었다. 아마도 이런 모양이 마치 나비 날갯짓처럼 보여서 이름 붙여진 게 아닐까?

한눈에 보기에도 나비란은 대가족을 이룰 만큼 번식력이 강해 보였다. 애지중지 고이 키워야 하는 까다로운 식물보다는 어디서나 잘 자라는 씩씩한 식물이 좋다. 첫눈에 나비란이 딱 맘에 들었다. 나비란 새순 두 개를 얻어 와 우리 집 베란다에 있는 작은 화분에 조심스레 꽂아두었다. 그해 겨울을 지나면서 베란다 기온이 낮아서 그런지 하나는 죽어버리고 하나가 살아남았다.

너마저 죽으면 어쩌나 마음 졸이던 시간도 잠시, 봄이 되자 나비란은 무럭무럭 자랐다. 햇볕과 물을 충분히 주자 하루가 다르게 쑥쑥 잘 자랐다. 봄 햇살은 식물에게 최고의 영양분이니까. 두어 달이 지나자 작은 화분이 비좁아져서 큰 화분으로 옮겨 심었다. 꽃대가 돋아나더니 하얀 꽃이 피고 어느새 덕적도에서 처음 본 것처럼 나비란 새순들이 하나둘 돋아났다.

새순이 어느 정도 자라 뿌리를 내릴 수 있겠다 싶을 무렵, 하나씩 잘라서 화분에 옮겨 심었다. 볕이 잘 드는 곳에 두고 물만 열심히 뿌려줬는데 이 녀석들 또한 무성하게 잘 자랐다. 아니 놀랍게도 잘 자랐다. 마치 경쟁을 벌이는 것처럼 맹렬하게 자랐다. 나비란뿐 아니라 모과나무와 복숭아, 아보카도 등 다른 식물들도 쑥쑥 자라서 우리 집 베란다는 어느새 정글이 되고 말았다. 물을 한번 주려면 식물들이 다치지 않게 이 정글 사이로 몸을 구겨 넣으며 조심스레 비집고 들어가서야 겨우 수도꼭지를 돌릴 수 있었다. 아, 이 정글을 어떻게 할 것인가. 작은 집에서 식물 대가족을 모두 키울 순 없다. 결단을 내려야 했다.

나비란 사진을 몇 장 찍어서 마을 SNS인 '망원동 좋아요'에 올렸다. 이곳은 망원동뿐 아니라 성산동, 서교동, 합정동, 상암동 등 인근에 사는 주민들이 3만 명가량이나 가입되어 매우 활발하게 교류하는 페이스북 그룹이다. 길거리에서 주운 지갑을 찾아주고 이사하면서 불필요한 살림살이를 나눔하고 동네 맛집 같은 마을의 소식과 생활 정보도 나누는 등 매우 활성화되어 있다.

이 방에 나비란을 잘 키워줄 분에게 무료 나눔을 하겠다는 글과 사진을 올렸다. 과연 반응이 있을까? 두근두근…. 다음 날 근처에 사는 몇 분이 하나둘 찾아와 나비란이 자라는 작은 화분을 골랐다. 그리고 연신 고맙다며 인사를 했다. 부디 나보다 더 잘 키워주길…. 흠, 이런 나눔도 괜찮군. 식물도 나누고 좋은 이웃들도 만나고….

여름이 지나면서 강한 햇빛을 잘 받은 나비란은 더욱 무성해졌다. 화분이 비좁아질 정도로 쑥쑥 자라는 바람에 골목에 있는 화분 여러 곳에도 나눠 심었다. 새순은 더욱 많이 자라났다. 또 나눔의 시기가 돌아온 것이다. 식물 나눔을 받으려는 사람들이 우리 집까지 찾아오는 게 번거로울 것 같아서 이번엔 내가 진출하기로 했다.

큰길 사거리에 있는 약국 앞에는 긴 의자가 놓여 있다. 이 의자는 사람들이 쉬어가도 좋고, 나눔하는 물건을 올려두면 오가는 사람들이 가져갈 수도 있게 마련해둔 것이다. 인심 좋은 약사님은 동네 사람들이 나눔하는 걸 권장하고, 의자에 놓여 있는 물건을 신경 써서 관리해주기도 했다. 그래, 바로 여기다!

또다시 나비란의 사진을 찍어서 '망원동 좋아요'에 무료 나눔에 대한 예고를 했다. 약국 앞에 식물을 가져다 둘 테니 오가는 길에 하나씩 가져가서 잘 키워달라고 했다. 반가워하는 댓글이 하나둘 달렸다. 나비란을 키워보고 싶다는 의견과 동네에서 이런 나눔이 참 좋다는 훈훈한 글도 있었다. 오호, 반응이 괜찮은걸.

일요일 낮 12시 약속한 시간에 나비란을 챙겨서 약국 앞으로 갔다. 이 시간이면 약국 앞 사거리에는 오가는 사람들이 많고, 사람들도 마음의 여유가 있는 시간이라 나눔하기에 좋을 것 같았다. 장 볼 때 사용하는 카트에 화분에서 자라는 식물과 가지에서 막 자른 새순까지 담아서 끌고 갔다. 혹시 나눔의 시간이 길어지면 뿌리가 마를 수 있으니 물과 플라스틱 그릇도 챙겼다.

"얘들아, 새로운 곳에 가서도 잘 살아야 한다. 굳세게 잘 살아야 해. 알았지?"

식물들에게 마지막 인사 겸 당부를 했다. 그리고 약국 앞 긴 의자에 안내문을 붙였다. 식물 이름과 키우는 방법을 간단하게 적었다. 약사님에게도 부탁을 하고 돌아섰다. 나비란을 이렇게 많이 가져다 뒀는데 가져가는 이 없이 말라비틀어지면 어쩌나? 행여 바람에 날려 길거리에서 불쌍하게 나뒹굴거나 사람들의 발길에 무참히 밟히면 어쩌나? 그럼 내가 되가져와야겠지? 걱정이 밀려들기 시작했다. 가까운 시장에서 장을 보고 집으로 돌아와 두어 시간이 지났을 무렵, 약사님에게서 연락이 왔다.

"싹 다 가져갔어요. 하나도 없어요."

오, 이럴 수가…! 이렇게 인기가 좋을 줄이야. 내가 돌아온 후 동네 사람들이 하나둘 찾아와서 나비란을 가져갔다고 했다. 마을 SNS를 보니 고맙다는 인사도 있고, 게시물을 늦게 봐서 아쉽게 놓쳤다는 댓글도 있었다. 그래? 그럼 기회를 줘야지.

우리 집에 있는 나비란은 여름에도 겨울에도 무탈하게 잘 자랐다. 베란다에서도 골목 화분에서도 무성하게 자라서 해마다 새순을 주렁주렁 많이도 키워냈다. 쌀을 씻을 때 나오는 영양분 가득한 뽀얀 쌀뜨물을 뿌려주고, 동네 카페에서 커피찌꺼기를 잔뜩 얻어와 거름으로 주기도 했다. 커피찌꺼기를 뿌린 날엔 집 안에 커피향이 가득 퍼졌다. 커피는 못 마셔도 커피 향은 좋다. 화분이 비좁을 정도로 무성해지면 분갈이도 해줘야 한다. 화분을 갈다 보면 어디에서 온 것인지 흙 속에 지렁이가 꿈틀댔다. 지렁이가 사는 화분에 커피찌꺼기를 뿌려줬다고 했더니 한 친구가 이렇게 말했다.

"그럼 지렁이가 잠을 못 잘 수도 있대. 카페인 때문에…"

엥, 정말 그럴까? 지렁이 너도 나처럼 카페인 부작용이 심한 거니? 흙을 뒤집어서 지렁이의 수면 상태를 확인할 수도 없고…. 진실은 알 수 없지만 여전히 지렁이도 잘 사는 듯했다. 어쨌든 나비란이 잘 자라는 데는 지렁이가 열심히 만든 분변토도 한몫했겠지.

새로 돋아난 나비란의 새순이 무성하게 자랄 때마다 약국 앞 긴 의자에서 나눔을 했다. 늘 그랬듯 비대면 접선장소는 동네 약국 앞이었다. 일 년에도 여러 차례, 여러 해 동안 꾸준히 나눔을 했다. 마을 SNS에 나비란 나눔 안내글을 올리면 약속시간에 벌써 와서 기다리는 사람도 있었다. 환한 얼굴로 나를 반기던 이가 시집이나 사탕 같은 작은 선물을 주기도 했다. 우리 동네에 참 좋은 사람들이 많구나. 어떤 이는 꽃집에서 식물을 사는 비용도 부담스러운데 무료 나눔을 해서 좋다고 하고, 어떤 이는 사무실에서도 쉽게 키울 수 있는 식물을 찾고 있었다고도 했다.

뜨거운 반응에 용기를 얻어 나비란뿐 아니라 봉숭아 새싹이나 비비추, 여러 종류의 꽃씨 등도 나눴다. 친구들과 즐거운 수다 모임에서도 식물을 나눴다. 이렇게 우리 집에서 키울 수 없는 것을 시시때때로 나눴다. 식물 나눔은 늘 완판이었다. 마을 SNS에서는 나의 식물 나눔을 기다리는 이도 생겼고, 다음 나눔을 미리 예약하는 이도 있었다. 이런 예약 너무 좋지.

한편 나눔 이후 다들 잘 키우고 있는지 후기가 궁금했다. 예상보다 나비란이 너무 잘 자라서 놀랐다는 사람도 있고, 처음엔 정성껏 키웠지만 여름휴가 다녀오니 말라 죽었더라는 이도 있었다. 다들 식물을 잘 키우는 게 아니라는 걸 알지만 그래도 식물이 죽었다는 소식에 맘이 짠해지는 건 어쩔 수 없다. 같은 곳에서 태어나도 서로의 운명은 다른 것이 세상 이치이지. 그런 게 인생이지 뭐.

이런저런 생각에 잠겨 골목길을 걷고 있는데 갑자기 눈이 번쩍 뜨였다. 동네 미용실 앞에 햇빛을 쬐이려고 내놓은 화분 중에서 나비란이 보였다. 아, 반가워라. 혹시 너도 우리 집에서 태어난 거니? 나를 알아보겠니? 쪼그리고 앉아 나비란에게 반가운 인사를 했다. 이럴 때 식물이 말을 할 수 있다면 얼마나 좋을까? 강아지나 고양이처럼 꼬리를 흔들고 얼굴을 비비며 주인을 알아봐준다면 좋을 텐데….

다시 골목길을 걸어서 편의점 앞을 지나는데 가지런히 놓인 화분에서 더 많은 나비란이 활짝 웃고 있었다. 발걸음이 저절로 나비란 앞에 멈춰 섰다. 벌써 새순을 주렁주렁 달고 있을 정도로 무성하게 자라 있었다. 혹시 너희들도 우리 집에서 온 거니? 식물 나눔 이후 나는 골목길을 걸을 때마다 종종 이런 착각에 빠졌다. 세상의 모든 나비란이 우리 집 태생일 거라고 생각하는 즐거운 착각…. 흐흐흐.

번식력이 왕성한 나비란 대가족.
실내와 실외를 가리지 않고 잘 자란다.

처음엔 작은 화분에 직접 키워서 이웃들에게 나누어 주었다.
새순이 많이 자라 감당하기 어려워지자
봉투에 한꺼번에 담아 누구나 가져갈 수 있게 했다.

편의점 앞에서 잘 자란 나비란, 너도 혹시?
동네의 모든 나비란이 우리 집 태생일 것 같은 즐거운 착각.

# 냉이와 함께
# 봄기운을 먹다

봄이 언제 오려나? 한겨울 추위를 호되게 견디고 어느덧 2월이 오면 두꺼운 겨울옷이 무겁고 답답하게 느껴진다. 얼른 얇은 옷으로 갈아입고 싶다. 2월 4일 입춘이 되면 TV에선 대문에 '입춘대길'을 붙이는 장면과 함께 남녘의 꽃 소식을 전해준다. 하지만 중부지방은 여전히 꽝꽝 얼어 있는 한겨울이다.

봄기운은 도대체 어디에 있단 말인가? 바깥을 아무리 살펴봐도 전혀 느껴지질 않는다. 그래도 입춘이 지나면 동장군 틈으로 봄기운이 아주 조금씩 조금씩 스며들어 얼음장에 미세한 균열을 내기 시작한다. 비로소 봄이 시작되는 것이다. 어느덧 내 마음에도 조바심이 파고든다. 바구니 들고 들판으로 나가고 싶어 몸이 근질근질거린다.

2월 중순 무렵 정월대보름이 되면 검은콩과 팥, 찹쌀, 기장, 수수, 차조 등을 넣어 오곡밥을 짓고 고사리, 콩나물, 토란대, 무, 도라지 등으로 나물을 만들어 먹는다. 이 나물 중에 향이 좋은 냉이가 있었다. 아직은 추운 겨울 들판이지만 땅을 자세히 살펴보면 냉이가 바닥에 쫙 붙어 있다. 흙 색깔과 비슷해서 마치 숨은그림찾기 하듯 눈을 부릅뜨고 잘 살펴야 한다. 이것을 '로제트'라고 하는데, 식물이 겨울을 나기 위해 줄기는 짧게, 잎은 땅에 붙이듯 사방으로 넓게 뻗은 모양을 말한다. 키를 낮추고 바닥에 바짝 붙어서 추위를 견디고 햇빛을 최대한 받으려는 식물의 생존 작전이다.

어릴 적 친구들과 밭을 돌아다니며 냉이를 캤던 기억이 있다. 손발은 시리지만 냉이를 찾는 재미가 있고, 열심히 캔 냉이를 정월대보름 나물로 가족들이 함께 먹으면 어쩐지 어깨가 으쓱해지는 보람도 있었다. 물론 냉이를 씻고 요리한 것은 엄마였지만 말이다. 그런 옛 기억이 강렬했던 탓일까? 2월이 되면 냉이가 있는 들판으로 나가고 싶었다. 그렇게 생각만 맴도는 사이 어느덧 3월이 왔다.

"냉이 캘 수 있는 밭이 어디 있을까? 아는 곳 있나?"

"우리 집 파밭에 많이 보이더라."

감천 사는 친구에게 슬쩍 물었더니 자신의 파밭에 냉이가 꽤 돋았다고 했다. 아니, 이렇게 가까운 곳에 있었네. 당장 달려갔다.

  유기농으로 농사를 짓는 친구네 밭에는 파가 이제 돋으려고 초록 기운을 살짝 보였다. 밭둑에는 겨울을 이겨낸 냉이가 지천이었다. 경북 북부 지역 방언으로 표현하자면 '나세이가 천지삐깔'이었다. 여기서는 냉이를 나세이라고 부른다.

  밭둑에 농사용 엉덩이 의자를 끼고 앉아 호미로 하나하나 뽑기 시작했다. 냉이를 뽑을 때는 줄기와 뿌리 사이의 도톰한 부분을 꽉 잡고 당겨야 뿌리까지 뽑을 수 있다. 힘 조절을 잘못하면 잎만 뜯게 되는데, 그럼 진정한 냉이의 맛을 품고 있는 뽀얀 뿌리를 놓쳐버릴 수 있다.

  친구의 얘기로는 지난가을에 파를 심기 전에 밭을 갈아엎었더니 냉이 씨가 퍼져서 올해 더 많이 돋은 것 같다고 했다. 냉이는 밭둑이나 논둑, 들판에서 돋아나는 수많은 풀에 속하지만 농약을 친 밭에서는 볼 수가 없고, 유기농업으로 농사지은 밭에서만 캘 수 있다. 그래서 냉이를 캘 수 있는 곳을 찾기가 생각처럼 쉽지 않다.

  오후 내내 밭둑에 쪼그리고 앉아 한 바구니를 캐고, 다음날 오전에도 한 바구니를 캤다. 찬바람 부는 곳에서 허리를 숙이고 쪼그리고 앉아 작업하려니 온몸이 뻐근하지만 냉이 캐는 재미가 쏠쏠하다. 냉이를 대충 다듬고 찬물에 여러 번 반복해서 씻은 뒤 냉이 무침을 하고, 냉이 된장국도 끓였다. 향긋한 봄향이 느껴진다. 바로 이거야. 수렵 채취 시절에 들판을 돌아다니며 먹이를 구했던 유전자가 내 안에 남아 있는 모양이다. 시장이나 슈퍼에 가면 잘 씻어 포장한 냉이를 살 수 있지만 들판을 돌아다니며 흙먼지를 뒤집어쓰면서 캔 냉이가 좋다. 직접 캐서 다듬고 씻어 완성한 온전한 요리랄까.

다시 2주가 지나고 3월 중순 친구네 파밭으로 향했다. 아무래도 냉이를 한 번 캐는 것으로는 만족스럽지 않았다. 얼마나 기다렸던 냉이철이란 말인가. 어느덧 밭의 주인공인 파는 파릇파릇 돋아서 파전을 해 먹기에 딱 좋은 크기로 자라 있었다. 그러나 나의 목표는 역시나 냉이다. 장갑을 끼고 호미를 들고 밭둑에 주저앉았다. 마치 냉이를 멸종시키겠다는 듯 비장한 각오로 하나하나 뽑아나갔다. 3월 초의 냉이는 갈색이고 땅에 붙어 있는 로제트 형태였지만 2주가 지나자 파릇파릇해지고 잎들이 고개를 들고 있었다.

하루 종일 햇볕이 드는 양지 쪽에서는 벌써 하얀 꽃을 피운 냉이도 있었다. 냉이는 꽃이 피면 잎과 뿌리가 질겨져서 먹을 수가 없다. 그래서 2월에서 3월 중순 사이 시기를 잘 맞춰서 캐야 한다. 이때를 놓치면 다음 해를 기약해야 한다. 농사일은 언제나 때와 시기가 중요하듯…. 냉이를 캐면서 또 인생을 배운다.

그날 저녁 친구네 집에서는 향긋한 냉이 무침과 고소한 파전을 즐기는 봄날 파티를 열었다. 농촌 출신인 우리는 저마다 냉이에 대한 추억이 있고, 냉이 캐러 다니던 시절에 대한 할 얘기가 많다. 냉이 무침뿐 아니라 냉이 튀김, 냉이 된장국, 냉이 비빔밥 등 냉이 하나로도 먹을거리가 다양해지는 진정한 봄이다.

일본에서 시작된 마크로비오틱은 식재료를 통째로 먹어서 그 식물이 가진 에너지를 온전하게 섭취하는 것을 원칙으로 하는 식이요법이다. 자신이 살고 있는 땅에서 자란 제철음식으로 정제하거나 가공하지 않은 통곡물을 먹고 채소도 잎과 뿌리까지 통째로 먹는다. 또 식재료의 음과 양의 조화를 이루어서 먹고, 인공적인 것과 화학적인 것은 피한다. 이런 원칙에 따라 무농약, 친환경 농산물에 전통적인 방식으로 만든 조미료를 이용해서 껍질에서 뿌리까지 모두 요리를 한다. 마크로비오틱에 대해 처음 들었을 때 나는 냉이가 떠올랐다. 추운 겨울을 굳건하게 견딘 냉이는 잎부터 뿌리까지 온전하게 먹을 뿐 아니라 새봄이 시작되는 땅의 기운을 온전하게 먹는 것과 같다.

최근에는 간편식이 인기를 얻고 있다. 뜨거운 물을 붓거나 전자레인지 등에 데워서 간편하게 먹을 수 있는 레토르트 식품이 흔하고, 요리 재료가 다 손질되어 있고 양념까지 포함된 밀키트 요리도 다양해졌다. 배달음식도 다양하고 주문하는 방법도 간단하고 편리해졌다. 도시에서 살고 있는 나 역시 바쁘다는 핑계로 요리 과정이 복잡한 것은 엄두가 나질 않고, 간편한 요리를 선호하지만 때로는 요리의 1부터 10까지 전 과정을 익혀보고 싶다는 생각이 든다. 농촌에서 평생을 살아온 엄마가 김치를 담그는 것은 씨를 뿌려서 배추를 키우는 일부터 시작한다. 하루에 한 번씩 밭에 가서 배추를 살펴보면서 물을 주고, 한파가 걱정되면 비닐을 씌워주는 등 온갖 정성을 기울인다. 그리고 잘 자란 배추를 수확해서 소금에 절이고 양념을 해서 김치를 담근다. 양념에 들어가는 마늘과 고춧가루, 갓, 파 같은 채소도 직접 기른 것이다. 보통 김치를 담근다고 하면 배추를 사거나 절임배추를 사는 것부터 생각하지만 그 이전 작업에도 많은 노동과 정성이 필요하다.

나는 농촌에서 태어났지만 고등학교 때부터는 쭉 도시에서 살아서 이 나이 먹도록 농사의 전 과정을 알지는 못한다. 본격적인 농사일을 할 순 없지만 내 손으로 채취부터 요리까지 전 과정을 천천히 배워보려고 한다. 냉이가 자라는 밭둑에서 이런 생각에 잠겼다.

3월 중순 친구네 파밭. 어느덧 먹기 좋게 자랐다.
밭골을 자세히 보면 냉이가 엄청 많다.

겨울을 이겨낸 냉이가 봄볕을 받고 파릇파릇해졌다.

참기름과 고추장 등을 넣어서 조물조물 무친 냉이 무침과,
함께 먹은 파전. 봄기운을 먹는다.

# 유기식물 구출하기

"밤새 안녕하신가?"

오늘도 어김없이 식물의 안부를 살피면서 하루가 시작되었다. 큰 창을 열면 골목길이 보이고 내가 키우는 골목 화분들이 나란히 놓여 있는 풍경이 보인다. 아침에 일어나면 화분들의 안부를 살피는 것으로 하루가 시작된다. 빼곡한 건물들 사이에서 푸릇푸릇한 식물을 키울 뿐 아니라 자동차들이 골목길에 주차하지 못하게 하는 주차금지용으로 두 가지 역할을 하는 이 화분들은 우리 골목길에 없어서는 안 될 존재들이다. 활짝 핀 꽃들이 골목길을 오가는 사람들의 마음도 즐겁게 하니까.

"또 갖다 놨네. 쯧쯧."

밤새 화분이 하나 더 늘었다. 큰 화분들 사이에 낯선 화분이 하나 놓여 있다. 종종 일어나는 일이라 그리 놀랍지도 않다. 이번에는 꽤 무성하게 자란 장미허브다. 잎사귀를 건드리니 상큼한 향이 났다. 공짜로 생긴 이 화분이 그리 반갑지 않은 까닭은 밤새 누군가 몰래 버려두고 간 것이기 때문이다. 어제 오후 화분에 물을 줄 때까지만 해도 없었던 일이니까.

한때는 애정의 눈길을 듬뿍 주면서 애지중지 키웠을 텐데, 무성하게 자라니 감당하기 힘들었던 것일까? 골목 화분을 관리하는 누군가가 있으니 여기에 내다 놓으면 같이 키우겠지 하는 생각에 슬쩍 가져다 둔 모양이다. 꽃집에서 판매하는 원예종 식물들은 겨울에 실내나 온실에서 키워야 하는 것이 많다. 이왕 버릴 거면 봄이나 가을에 날씨가 따뜻할 때 내놓지. 하필 겨울이 다가오는 이 추운 날씨에 바깥에 내놓으면 얼어 죽을 수도 있는데…. 누군지 참 마지막 이별에 대한 예의도, 배려도 없다.

"아이고, 춥겠다."

급한 대로 일단 우리 집으로 들여놓았다. 화분에 물을 뿌리다 보니 뭔가 이상했다. 장미허브는 그 화분에서 자란 것이 아니라 어딘가에서 키우던 것을 뽑아 낡은 화분에 대충 담아 내버린 모양이다. 흙과 뿌리가 붙어 있지 않고 가지와 뿌리도 여기저기 부러져 있다. 화분까지 버리기엔 아까웠던 것일까? 이

장미허브는 마치 주인에게 매정하게 버려져 길거리를 떠도는 개와 고양이를 보는 것 같다. 귀여운 병아리가 자라서 중닭이 되면 예쁘지도 않고 키우기 힘들어서, 귀여운 강아지가 자라면 더 이상 관리하기 힘들어 휴게소나 해수욕장에 몰래 버린다더니…. 버려진 식물도 유기동물 신세와 무엇이 다를까? 식물이든 동물이든 버려지는 건 너무 쓸쓸하고 가슴 아픈 일이다.

집에 있던 다른 화분으로 분갈이를 하면서 거름을 넣고 흙도 보강해서 꼭꼭 심어주었다. 부러진 가지는 물병에 꽂아서 수경재배로 키우다가 잘 뿌리내리면 동네 사람들에게 나눠 줘야겠다. 우리 집은 좁고 식물들도 많아서 포화 상태니까. 비좁지만 일단 우리 집에서 겨울을 나자. 나랑 잘 살아보자. 튼튼하고 굳건하게 자라다오. 새봄이 오면 새로운 곳으로 가게 되더라도….

일 년이면 이런 화분이 몇 개씩 골목으로 나온다. 그걸 또 어쩌지 못하고 나는 물을 주고 거름을 사서 넣고 분갈이도 해준다. 그러다가 동네 커뮤니티 SNS에 올려서 잘 키울 사람을 찾아서 보내기도 하고, 골목을 오가는 이가 가져갈 수 있게 안내문을 붙여놓기도 한다. 누군가 가져가서 잘 키우면 다행이니까.


페이스북에 이렇게 식물을 버리는 일에 대한 글을 올렸다. 유기동물 문제도 심각하지만 유기식물 문제에 대해서도 관심을 가져야 한다고…. 그러자 자신도 버려진 식물을 주워 와서 키운다는 댓글이 속속 달리고, '유기식물살리기협회'를 결성하자는 의견도 나왔다. 화분의 식물을 잘 관리하지 못해 족족 죽여버리는 식물 저승사자도 고민이 많겠지만 식물을 무성하게 잘 키우는 황금손들의 고민도 만만찮다. 쑥쑥 자라는 이 녀석을 어떻게 감당해야 한단 말인가. 동물이든 식물이든 생명을 키우고 책임진다는 건 무한한 고민일 수밖에 없다.

더 이상 키울 수 없는 식물은 SNS에 사진을 올려서 잘 키워줄 누군가를 찾아 나눔을 하면 좋다. 꽃집이나 화원에서 키 큰 식물을 사려고 하면 꽤 비싸니 필요로 하는 사람에게 주면 서로 좋을 것 같다. 마당이나 정원 있는 집으로 보내도 좋다. 어쨌든 무성하게 자란 식물을 '반갑게', '합법적으로' 받아주는 곳이 있으면 좋겠다. 그러니 그냥 버리지 말 것!

골목 화분을 키우는 건 내가 좋아서 시작한 일이다. 성미산 기슭으로 이사 오니 골목에는 아무도 돌보지 않아 방치된 큰 화분이 몇 개 덩그러니 놓여 있었다. 비비추와 원추리가 심어져 있었지만 비실비실 시들어 있고, 담배꽁초와 작은 플라스틱 같은 쓰레기들이 뒤엉켜 있었다. 오래 살아온 이웃에게 내가 관리해보겠다고 했다. 그러잖아도 식물을 키우고 싶었는데 잘됐다 싶었다.

베란다에 있는 수도에 호스를 연결하여 물을 듬뿍 주고 거름도 사서 뿌렸다. 동네 커피집에서 얻어 온 커피박도 뿌려주고 쌀뜨물도 듬뿍듬뿍 뿌렸다. 이 좁은 화분에서 식물이 얻을 수 있는 영양분이 얼마나 될까? 내 정성이 닿은 것인지 이듬해 봄이 되자 비비추와 원추리는 연둣빛 싹이 트고 쑥쑥 잘 자랐다. 여름이 되자 세력이 커져서 화분이 비좁을 정도로 무성해졌다.

어딘가에서 빈 화분을 주워 오고 누군가 화분을 내놓기도 하면서 화분의 수는 하나둘 해가 갈수록 늘어났다. 어느새 골목에는 화분 15개가량이 나란히 대열을 이루었다. 어딘가에서 꽃씨를 얻어 오거나 모종을 얻어 와서 심기도 했더니 골목 화분의 식물 종은 점점 다양해졌다.

"와아, 봉숭아꽃 정말 오랜만이네. 어릴 적 우리 집에서 피던 꽃인데…"

여름날 열어둔 창으로 골목길을 지나는 사람들의 말소리가 들려왔다. 지나가던 중년의 여성 두 분이 활짝 핀 봉숭아꽃을 보고 반가워했다. 집 안에서 그 얘기를 듣고 있는 나는 괜히 뿌듯했다. 행여나 목이 탈까, 말라 죽지 않을까 사흘이 멀다 하고 열심히 물을 주느라 수도요금이 많이 나와도 이 순간에는 나도 행복했다. 어느 해 봄인가, 좁은 화분에 봉숭아 모종들이 너무 촘촘하게 자라서 좀 나눠 줘야겠다 싶어서 몇 개를 뽑는 중이었다.

"엇, 함부로 뽑아 가면 안 돼요! 열심히 키우는 거예요!"

우리 빌라 옆 아파트에서 누군가 소리쳤다. 올려다보니 중년의 아주머니가 손사래를 쳤다.

"아, 제가 관리하는 거예요. 앞으로도 감시를 잘해주세요."

"아, 그럼 다행이구요."

서로 얼굴은 몰라도 골목에 사는 이웃들이 골목 화분을 관심 있게 지켜보고 있었구나 생각하니 마음이 든든했다. 이왕이면 물도 교대로 주면 더 좋을 텐데 그게 좀 아쉽다, 쩝!

어쩌면 나는 글을 쓰는 일보다 꽃집이나 화원을 운영하는 게 더 낫지 않았을까 하는 생각을 하곤 한다. 시들시들하던 식물도 잘 살리고 꺾꽂이나 포기나누기로 식물의 수를 늘리는 것도 재밌으니 말이다. 대학 졸업 무렵 진로에 대해 고민할 때 꽃집에서 일하면 좋겠다고 생각했다. 농사짓는 부모님 곁에서 늘 지켜봤고 우리 집 마당의 화단을 가꾸기도 하면서 식물 키우는 걸 좋아하니까. 꽃집의 이름은 내가 좋아하던 시집 이름을 따서 '꽃들'이라고 지었다. 그러나 꽃집 개업이나 취직은 이 나이 먹도록 그저 꿈으로만 남아 있다. 그 대신 환경운동을 하면서 산으로 바다로 돌아다니면서 도감에서나 보던 신기한 야생화를 원 없이 관찰했다.

골목 화분을 가꾸는 일은 즐겁지만 늘 행복한 것만은 아니다. 마음을 비우고 통달해야 가능한 일이기도 하다. 골목 화분을 가꾸면서 겪은 황당 사건 세 가지를 꼽아봤다. 첫째, 담배꽁초와 화장지, 개똥 등을 화분에 몰래 버리는 비양심! 본인은 귀찮아서 버렸겠지만 누군가는 다시 치워야 한다. 화분은 쓰레기통이 아니야! 둘째, 식물에 뿌리려고 받아둔 빗물에 신발을 씻는 사람. 하필 그곳에서 씻어야겠니? 신발과 화분의 흙은 다 같은 흙이지만 어째 기분이 썩 좋지만은 않다. 셋째, 화분과 빗물받이 물통 도난 사건! 낡은 물통을 가져가야 할 정도로 가난한 거냐? 골목 화분을 훔쳐가는 이가 있는가 하면 자기 것을 몰래 가져다 두는 이도 있다. 이곳은 진정 나눔 코너인가? 훔쳐가더라도 부디 잘 키워라.

어쨌거나 푸릇푸릇한 식물들이 오가는 이들을 즐겁게 해줄 수 있다면 그걸로 충분한 거지. 그래서 오늘도 골목 화분에 물을 뿌린다. 듬뿍듬뿍 시원하게 마셔라. 그리고 쑥쑥 잘 자라라.

추운 날 골목길에 버려졌던 장미허브가
우리 집에 온 지 몇 달 만에 생글생글해졌다.

쓰레기 집하장에 나와 있던 나비란. 그동안 그늘에서 자랐는지 병약해 보였다. (왼쪽)
부실한 잎사귀는 잘라주고 햇빛을 듬뿍 받게 해주었더니 몇 달 후엔 튼튼해졌다.
새순도 자라났다. (오른쪽)

칙칙한 골목길을 초록초록하게 만들어서
인기 있는 골목 화분들.

# 식물을 키우고 싶다면
# 냉장고를 열어라

따뜻한 봄기운이 감돌기 시작하면 본능처럼 꽃집 앞에 발길이 머물고, 푸릇푸릇한 식물을 가꾸고 싶어진다. 책상 위 작은 화분이든 베란다의 제법 큰 화분이든 뭔가를 심고 식물이 자라는 모습을 지켜보고 싶다. 그것은 아마도 생명을 가진 모든 것들이 움트고 쑥쑥 자라게 만드는 봄기운이 나를 움직인 게 아닐까? 어쩌면 조상으로부터 대대손손 이어진 내 안의 농업 유전자가 꿈틀대는 것일지도 모르겠다.

올해는 어떤 식물을 가꿔볼까? 화사한 꽃이 피는 알뿌리식물을 심어볼까? 잎이 넓고 쑥쑥 잘 자라는 공기 정화 식물은 어떨까? 가꾸는 재미와 먹는 재미가 함께 있는 채소를 심어볼까?

어쨌든 새로운 식물을 키우려면 동네 꽃집이나 도시 근교의 대규모 화훼단지를 찾아가 적당한 것을 사 와야 한다.

그래, 돈을 주고 사 와야 한다! 비싼 돈을 지불하고 데려와서 잘 키우면 좋지만 수려한 외모에 반해 까다로운 녀석을 덥석 안고 왔다가는 우리 집에서 비참한 최후를 맞는 모습을 가슴 아프게 지켜봐야 할 수도 있다. 어떤 이는 키우는 족족 식물을 죽여버리는 자신을 '식물 저승사자'라고 표현하기도 했다. 아, 내가 진정 식물 저승사자였을까?

그런데 집에서 쉽게 키울 수 있는 식물은 의외로 가까운 곳에 있었다. 그것도 돈을 따로 지불할 필요 없이 말이다. 공짜 식물? 그게 뭘까? 그 해답은 주방 냉장고에 있다. 냉장고 안에 있는 식재료를 매의 눈으로 찬찬히 살펴보자. 그러다가 레이더 포착! 그것은 바로 과일이다.

'이 안에 씨앗 있다!'

과일은 저마다 씨앗을 품고 있다. 복숭아나 자두처럼 단단한 갑옷을 입은 씨앗이 있고, 배와 사과처럼 적당히 작은 것, 감처럼 동글납작한 것까지 다양하다. 나는 과일을 굉장히 좋아한다. 과일을 많이 먹으려고 기꺼이 밥을 포기할 수 있을 정도로 좋아한다. 특히 더운 여름날 수박을 반으로 잘라 한 통을 끼고 앉아 숟가락으로 시원하게 퍼먹는 걸 좋아한다. 이 정도는 먹어줘야 좀 먹은 것 같지. 흐흐흐.

학생들을 만나는 학교 강의나 가끔 작가라는 직업에 관한 인터뷰를 할 때 이런 질문을 자주 받았다. 글이 안 써질 때는 어떻게 극복하는가? 별 망설임 없이 상큼한 과일을 양껏 먹는다고 대답했다. 사과나 참외, 귤 같은 신선한 과일을 먹으면 기분이 좋아지고 달아났던 집중력도 돌아온다. 몸살 기운이 돌면서 자꾸 눕고 싶어질 때면 말랑말랑한 복숭아를 먹으면 기분이 좋아진다. 몸이 피곤하거나 나른해질 때면 달콤한 포도를 먹으면 피로가 풀리고 활력이 돋는다.

과일은 상자째 사서 쟁여두고 먹는 걸 즐긴다. 어차피 많이 먹으니까. 먹고 남은 과일 껍질은 작게 잘라서 흙과 함께 섞어 화분의 거름으로 준다. 너무 과하게 않게, 냄새가 나거나 벌레가 생기지 않게 적당히 줘야 한다. 그리고 남은 고민은 과일 씨앗이다. 과일은 한 해 동안 식물이 온갖 정성과 기운을 모아서 맺은 결실이고, 씨앗은 그 식물의 후손이다. 모든 식물들은 이 작은 씨앗을 통해서 자손을 번창시키고 곳곳으로 퍼져나간다.

살아 있는 생명체인 이 씨앗을 종량제 쓰레기봉투에 버린다? 농부의 혈통을 이어받은 나로서는 있을 수 없는 일이다. 그럼 어떻게 할 것인가? 그냥 심어보자. 화분에 씨앗을 넣고 흙을 살살 덮어두었다. 가끔 생각날 때마다 물을 주었다. 그리고 잊고 지냈다. 그로부터 얼마쯤 시간이 흘렀을까? 화분에서 뭔가 돋아 올랐다.

"우와! 뭘까? 이 아이는 누굴까?"

혼자 요란스럽게 환호성을 질렀다. 화분에 이것저것 여러 과일 씨앗을 심어서 작은 새싹만으로는 어떤 식물인지 구별하기 어려웠다. 그렇게 하나둘 싹이 텄다. 시원한 물과 흙의 영양분, 따뜻한 햇볕, 시원한 바람의 도움으로 생명체들은 뽀얗게 돋아났다. 흙을 뚫고 고개를 내민 작은 새싹을 보면 놀라운 생명력이 신기하고, 살고 싶어 하는 간절함이 느껴진다.

과일을 먹을 때마다 씨앗을 따로 모았다가 화분에 심었다. 지금까지 내가 실험한 결과, 싹이 잘 트는 과일 씨앗은 복숭아와 포도였다. 단감도 싹이 잘 트고, 모과 씨앗도 싹이 터서 쑥쑥 잘 자랐다. 모과나무는 5~6년 키웠더니 2미터 넘게 잘 자라서 마당이 있는 집으로 보냈다. 우리 집보다는 식물이 살기에 더 나은 환경으로 보냈다.

어느 해에는 귤을 먹는데 유난히 씨앗이 많이 나와서 모두 심었더니 싹을 많이 틔웠다. 얼핏 살구를 닮은 비파 씨앗도 싹이 잘 텄다. 여수에 사는 친구가 비파를 맛보라고 보내줬는데 정작 과육은 적어서 먹을 게 없고 씨앗만 잔뜩 남았다. 이것을 화분에 심었더니 70~80퍼센트가 싹이 텄다. 화분 이곳저곳에서 비파 새순이 돋고 쑥쑥 잘 자랐다. 덕분에 한동안 비파 모종을 여기저기 나눠 주느라 바빴다.

굵은 아보카도 씨앗은 껍질이 두꺼워서 그런지 싹이 트는 과정이 매우 느렸다. 언제 심었는지 기억조차 나지 않을 무렵, 작은 새싹이 돋더니 성장 속도가 매우 빨랐다. 하루하루가 다를 정도로 쑥쑥 자랐다. 아보카도가 물을 좋아한다는 글을 본 적 있어서 물을 시원하게 자주 주었더니 놀라울 정도로 잘 자랐다. 동화《잭과 콩나무》에 나오는 콩나무가 하늘 향해 놀랍게 자라듯 줄기가 단단해지고 잎사귀가 무성해진 아보카도는 빠르게 잘 자랐다. 이러다가 천장을 뚫고 나가겠어. 괜한 걱정이 들 정도였다.

문제는 그다음이었다. 화분의 크기는 정해져 있고 그리 넓지 않은 우리 집 베란다도 비좁아져버렸다. 아보카도뿐 아니라 비파와 감나무 등 과일 싹들은 하루가 다르게 세력을 키워가는데 이 사태를 그냥 지켜만 볼 것인가. 애지중지 키웠지만 드디어 나눔을 해야 할 시기가 다가왔다. 동네 친구와 가까운 이웃들, SNS 친구들 중에서 식물을 잘 키우는 이들에게 하나하나 나눠 주었다. 그리고 과일 모종을 키우는 법에 대해 설명해주었다. 꽃집에서 식물을 사는 방법도 있지만 그 전에 당신의 냉장고를 열어보라고….

과일나무를 무성하게 잘 키워서 열매가 영그는 것까지 보고 싶은 마음도 있었지만 그러려면 흙의 영양분이 많아야 하고 햇빛도 많이 받아야 해서 야외로 옮겨 심어야 한다. 실내에서 키워서 열매를 얻는 건 웬만해선 쉽지 않다. 아쉽지만 열매 욕심은 접을 수밖에 없었다.

과일나무에는 해마다 수많은 열매가 열리고 그 안에는 알알이 씨앗이 들어 있다. 달콤한 과일을 먹은 사람들이 이 씨앗들을 집 주변이나 마을, 빈 공터, 가까운 산에 심으면 어떻게 될까? 만약 다들 그렇게 심어준다면 도시에서 과일나무 숲을 가꾸는 건 너무 쉽지 않을까? 상큼한 과일을 먹고 시원한 그늘도 만들고 기후위기와 미세먼지, 도시열섬 현상 등 환경문제도 해결할 수 있을 것이다.

집집마다 과일을 먹고 곳곳으로 과일 씨앗을 심으러 가는 장면, 상상만 해도 즐겁다. 어쨌든 해마다 과일나무들이 이렇게 많은 씨앗을 만드는데, 세상은 왜 아직 과일나무로 점령되지 않았는지 정말 미스터리다. 과일을 먹으면서 이런 엉뚱한 생각에 잠겼다. 오늘 과일도 정말 달고 상큼하구나.

식물들이 무성해져서 정글이 되어가는 우리 집.
사과나무와 복숭아나무, 모과나무가 쑥쑥 자랐다.

너무 무성해진 모과나무는 결국 마당 있는 집으로 보냈다.
떠나기 전 기념사진.

# 나의 힐링 텃밭

비가 갠 뒤 밭으로 가보니 노란 유채꽃이 활짝 폈다. 아직은 황량한 텃밭에 부지런한 유채꽃이 쑥쑥 자라서 화사한 봄기운을 전했다. 꿀벌들이 날아와 윙윙대는 모습도 참 귀엽다. 꿀벌들은 어떻게 알고 날아왔을까? 작은 청개구리가 폴짝 뛰어서 풀숲으로 사라졌다. 내 발소리에 놀란 거니, 귀여운 청개구리야?

친구네 집에 갔더니 작년 가을에 뿌려둔 유채가 파릇파릇하게 자라 있었다. 경상도에서는 유채순을 삼동추라고 부른다. 삼동추 나물은 뜨거운 물에 살짝 데쳐서 갖은양념을 넣어 무쳐 먹으면 부드럽고 맛있다. 시금치와 비슷하지만 또 다른 맛이 난다. 3월 말 친구네 밭에서 삼동추 나물을 뜯으면서 몇 포기를 뿌리째 뽑아 와 내가 가꾸는 작은 텃밭에 옮겨 심었다. 처음엔 시들시들하고 날씨도 쌀쌀해서 뿌리내릴 수 있을까 걱정스러웠지만 4월이 되자 몇 번의 봄비를 맞고 쑥쑥 자라면서 꽃대가 올라오더니 노란 꽃을 피웠다. 덕분에 작은 텃밭이 환해졌다.

올봄부터 텃밭을 가꿔보기로 했다. 아파트 공동체에서 산기슭 작은 텃밭을 운영하고 있는데, 개인이 신청하면 세 골씩 분양받을 수 있다. 다양한 채소를 가꾸고 싶은데 세 골은 너무 작은 것 같아서 여섯 골을 분양받기로 했다. 오랜 서울 생활을 하면서 채소나 식물을 가꿀 땅이 없어서 늘 아쉬웠다. 농부의 딸로 태어나 흙을 일구고 싶은 욕망은 가득한데 땅이 없으니 골목 화분을 가꾸고 도심의 빈 땅을 찾아다녀야 했다. 이제는 집 가까이에 논밭이 있고, 창밖으로 숲이 보인다. 내가 원한 건 바로 이거다!

지난해 텃밭을 가꾼 이가 그냥 둔 비닐을 걷으면서 봄 농사가 시작되었다. 이어서 삽으로 땅을 뒤집었다. 너른 밭을 일구는 농민들은 기계의 힘을 빌려야 하지만 겨우 여섯 골인데 그냥 삽으로 해보자 싶었다. 처음이지만 용감하게…. 그런데 보기보다 땅이 딱딱했다. 힘껏 삽질을 하고 흙을 뒤집었더니 쌀쌀한 날씨에도 땀이 후두둑 떨어졌다. 땅을 파느라 용을 썼더니 팔도 아프고 손에는 물집이 잡히기 시작했다. 여섯 골을 쉽게 생각했지만 삽질을 해보니 까마득한 광야처럼 넓어 보였다.

이 광활한 밭을 언제 다 일구나. 아이고, 허리야.

그래도 흙을 만지는 일은 너무 재밌어서 해가 저물도록 끙끙거리며 삽질을 했다. 아파트 공동체에서 나눠 준 거름도 솔솔 뿌리고 흙을 부드럽게 일궜다. 거름이 담긴 포대의 설명서에는 거름을 뿌린 뒤 2주 정도 지난 뒤에 채소를 심으라고 적혀 있었다. 이제 2주를 기다리자.

그사이에 텃밭 울타리 작업을 했다. 우리 텃밭은 작은 산 아래에 자리 잡고 있는데, 채소가 자라면 밤새 고라니가 찾아와 뜯어 먹는다고 한다. 전체 텃밭 둘레에 울타리를 치고 각자 텃밭에도 또 울타리를 쳐야 안심할 수 있다고 했다. 여러 사람이 드나들면서 울타리 문단속을 하지 못하는 일이 종종 있고, 고라니가 외곽 울타리 정도는 가볍게 뛰어넘을 수도 있어서 이중 울타리가 필요하다는 것이다. 고라니야, 너를 만나고 싶지만 애써 가꾼 채소를 망쳐버리면 너를 미워하게 될 거야. 내 맘 알지?

이제 울타리를 어떻게 칠 것인가? 처음 해보는 작업이라 먼저 구상을 해야 했다. 줄자로 텃밭의 가로세로 길이를 쟀다. 울타리 망의 길이와 지지대가 몇 개가 필요한지 가늠해야 하니까. 그리고 철물점에 가서 울타리 망과 지지대를 사서 쇼핑 카트에 싣고 왔다. 철물점과 텃밭은 그리 멀지 않지만 울퉁불퉁한 길을 쇼핑 카트를 끌고 걸으니 아득했다.

그뿐 아니다. 울타리의 문은 어느 방향으로 만들 것인가? 문은 하나로 충분할까, 두 곳으로 만들어야 할까? 지지대와 울타리 망은 어떻게 고정시킬 것인가? 지지대를 땅에 박으려면 망치가 필요하겠지? 울타리 망을 적당한 길이로 자르려면 가위도 필요하겠군. 단순해 보이는 작업도 꽤 생각할 거리가 많았다. 어쨌든 두뇌 훈련에 도움 되겠군.

먼저 울타리 문을 만들 곳에 양쪽 지지대부터 박았다. 그리고 지지대 20개를 사각형 모양으로 적당한 거리를 가늠해서 망치로 두드려 땅에 고정시켰다. 이어서 울타리 망을 펼쳐서 지지대에 노끈으로 위, 중간, 아래, 세 곳을 단단하게 묶었다. 울타리 망이 늘어지지 않고 팽팽하게 고정될 수 있게 당겨가면서 울타리를 완성했다. 휴~우! 작업을 마친 후 허리를 펴고 텃밭을 바라보니 마치 집을 한 채 지은 듯 뿌듯했다. 힘들지만 재밌다.


날씨가 점점 따뜻해지는 4월, 다시 봄비가 촉촉하게 내렸다. 신발에 진흙이 잔뜩 묻어서 무겁지만 비를 촉촉하게 머금은 이때가 씨뿌리기에 가장 좋다. 호미로 줄을 긋듯이 흙을 살살 파낸 뒤 양상추와 모둠 샐러드, 모둠 쌈채 씨앗을 솔솔 뿌렸다. 농사짓는 엄마의 비닐하우스에서 싹을 틔운 고추와 토마토, 가지 모종도 몇 포기 얻어 왔다. 옆 밭을 일구는 어르신이 고추 모종을 여러 포기 나눔해주셨고, 아파트 공동체에서도 노각오이 모종을 몇 포기 얻었다. 작은 텃밭이지만 여러 가지 채소를 골고루 가꾸고 싶다. 목표는 다품종 소량 생산!

과연 잘 자랄 수 있을까? 싹이 잘 틀까 궁금하기도 하고 씨앗을 잘 뿌린 걸까 걱정스럽기도 했다. 하루나 이틀, 적어도 사흘에 한 번씩은 텃밭으로 향했다. 아침에 일어나면 텃밭의 안부부터 궁금해졌다. 호미를 들고 텃밭에 가면 답답했던 마음도 풀어지고 마냥 기분이 좋아졌다. 이래서 텃밭 가꾸는 이들은 힐링 텃밭이라고 하는구나.

흙은 늘 그대로인 것 같지만 자세히 들여다보면 하루하루가 다르다. 비가 오기 전에는 딱딱하고 하얗게 말라 있던 흙이 비가 내리면 촉촉하고 부드러워지면서 색깔도 짙어진다. 그리고 잡초들이 자리를 잡는다. 잡초는 채소보다 부지런하고 생명력이 강하다. 씨를 뿌리지 않아도 어느새 자리를 차지하고 점령하기 시작한다. 잡초의 종류도 다양하다. 그냥 잡초라고 통틀어 부르기엔 저마다 생김새도, 빛깔도, 뿌리내리는 모양도 다르다.

텃밭을 가꾸면서 나는 비닐을 치지 않기로 했다. 옆 밭과 건너편 밭, 다른 밭은 거의 검은색 비닐을 덮었다. 잡초의 번식을 막고 흙의 습기를 유지하려면 비닐 멀칭이 필요해서 농민들도 거의 비닐을 사용한다. 심지어 밭골에도 검은색 부직포를 덮는 완전무장을 해서 풀 한 포기도 허용하지 않겠다는 비장함이 느껴진다. 그러나 나는 쪼그려 앉아 풀을 뽑는 재미도 좋을 것 같다.

삽으로 흙을 일구면서 보니 비닐 조각과 플라스틱 끈 같은 쓰레기들이 꽤 많이 나왔다. 보이는 대로 비닐 조각을 줍고 또 주워도 계속 나왔다. 아마도 작년, 또 그 전에 비닐 멀칭을 하면서 떨어져 나간 비닐 조각들이 흙에 묻혀 있었던 모양이다. 울타리 망을 고정했던 노끈과 플라스틱 끈 조각도 꽤 나왔다. 그래서 나는 다짐했다. 쓰레기 없는 텃밭을 가꾸자.

그러나 풀과의 경쟁에서 과연 이길 수 있을지는 모르겠다. 벌써부터 내가 뿌린 채소보다 풀들이 먼저 고개를 내밀어 세력을 넓히기 시작했다. 특히 여름철 장맛비가 내리고 나면 풀이 너무 빨리 자라서 농민들도 두 손을 들게 된다고 한다. 어쩌면 나도 잡초의 놀라운 생명력에 질려버려서 녹다운될지도 모르겠다.


밭둑에는 쑥이 소복하게 자랐다. 3월에는 새싹이 보일락 말락 하더니 4월이 되어 햇볕이 따스해지자 쑥은 이름 그대로 쑥쑥 자랐다. 보드랍고 푸릇푸릇한 잎이 너무 예쁘다. 엄마는 해마다 쑥을 많이 뜯어서 찹쌀가루를 넣고 쑥떡을 만들었다. 금방 만든 찰진 쑥떡은 콩가루를 묻혀 먹으면 고소하지만 나는 콩가루를 좋아하지 않는 편이라 그대로 먹는 걸 좋아한다.

봄기운이 가득한 쑥은 여린 순을 중심으로 뜯었다. 하얀 털 옷을 입고 있는 쑥은 보드랍다. 된장에 넣어도 좋고 국에 넣어도 쑥향이 난다. 쑥과 함께 자라는 개망초순도 좀 뜯었다. 봄에 나는 여린 순은 다 보드랍고 맛있다. 물론 독성을 가진 식물은 잘 골라내야겠지. 개망초순은 끓는 물에 살짝 데치고 참기름과 간장을 넣고 작년에 담근 보리수청을 넣고 무쳤더니 앗, 나의 실수, 너무 맛있다! 실수로 나물을 너무 잘 무쳤다. 흐흐흐. 먹을 것도 많은데 굳이 잡초까지 먹을 필요가 있나 싶지만 흔히 먹는 채소와는 다른 맛을 즐길 수 있다.

오래전 어느 봄날, 어린이 자연학교 프로그램에 참여한 적이 있었다. 자연학교 교장 선생님은 우리에게 바구니 하나씩 쥐여주면서 산으로 올라가 보드라운 순을 가득 따오라고 했다. 봄에 자란 새순은 다 맛있고 영양분이 가득하다고 했다. 산에서 자라는 것을 함부로 먹는다고? 미심쩍은 생각이 들었지만 나무에서 자란 연둣빛 새순과 보드라운 풀을 열심히 뜯었다. 그리고 새순을 깨끗하게 씻어 비빔밥을 만들었다. 따뜻한 밥과 금방 따 온 신선한 새순, 고소한 참기름 한 방울과 빨간 고추장까지 넣어서 쓱싹쓱싹 비볐다. 오호! 처음 먹어보는 비빔밥, 정말 맛있었다. 비닐하우스에서 키우거나 마트에서 판매하는 채소와는 다른 신선하고도 상큼한 맛이 났고 몸이 건강해지는 기분이 들었다. 그 후로 나는 봄이 되면 이 새순비빔밥

이 생각났다.

사람이 애써 키운 농작물 외에는 통틀어서 잡초라고 부르지만 잡초들도 각자 이름이 있고 좋아하는 환경이 있고 척박한 환경에서 살아남기 위한 저마다의 전략을 품고 있다. 사람들 누구나 먹고살기 위해 치열하게 경쟁하고 땀 흘려 노력하듯 잡초의 삶도 우리와 닮은 점이 있다. 그러나 올해부터 텃밭을 가꿔야 하는 나는 잡초가 제거해야 할 경쟁 상대가 되어버렸다. 미친 생명력을 자랑하는 잡초를 이길 수 있을까? 과연 누가 최후에 웃게 될까?


농촌 아이들은 어릴 적부터 자연스레 농사일을 거들면서 배운다. 어린아이의 손마저 필요할 정도로 밭일은 사람 손이 많이 간다. 모종을 심고 지지대를 세워서 묶고, 열매를 따고 씨앗을 모으는 모든 과정을 일일이 사람의 손으로 해야 하니 아이들도 함께 거들 수밖에 없다. 해마다 어린이날은 고추 모종을 심는 날이라 도시 아이들처럼 놀이공원을 가거나 선물을 받지 못했다. 어린이날은 그저 '아동노동의 날'이었다. 하필 이런 농사의 계절에 어린이날을 지정했단 말인가? 우리 집뿐만이 아니라 동네 아이들, 우리 학교 아이들의 사정이 똑같았다. 학교 다녀오면 아궁이에 불을 지피거나 채소를 다듬는 일 등을 해야 했고, 주말과 휴일에는 밭에 가서 고추를 따거나 참깨를 터는 일 같은 농사일을 거들었다.

농사일은 때를 놓치면 한 해 농사를 망치거나 수확량이 없는 등 낭패를 보게 된다. 또 비가 내리거나 햇볕이 강할 때처럼 날씨를 잘 살피고 자연의 흐름을 잘 읽으면서 농사지어야 한다. 이렇게 어른들을 도우면서 아이들도 조금씩 사계절 농사일의 원리를 터득하게 된다. 그러므로 농촌에서 자란 우리는 농업 분야에 있어서는 금수저라고 할 수 있다. 흐흐흐.

올해 텃밭의 목표는 채소를 직접 가꿔서 자급자족하는 것이다. 소박한 꿈처럼 보이지만 사실 쉬운 건 아니다. 애써 가꾼 채소가 벌레들이 파먹어 병이 들 수도 있고 가뭄이 들어서 시들어버리거나 장맛비에 녹아버릴 수도 있다. 강력한 태풍은 또 어떤가. 그럴 때마다 텃밭의 안부가 걱정되어서 안절부절 엉덩이를 들썩거리게 될 것이다. 뭐 그래도 좋다. 그 과정에서 새롭게 배우고 깨닫게 되는 게 있겠지. 뭐든 저질러봐야 새로운 길이 열리는 법이니까.

2주 전에 뿌린 채소 씨앗들이 파릇파릇 고개를 내밀었다. 동글동글한 작은 떡잎들이 귀엽다. 씨앗을 너무 총총 뿌렸더니 새순들이 다닥다닥 붙어 있다. 가을엔 듬성듬성 잘 뿌려야겠다. 이렇게 또 하나를 배운다. 그 옆에는 요리하면서 잘라낸 파뿌리를 재미 삼아 심었더니 싹이 올라왔다. 상추와 들깨, 부추같이 내가 심은 적 없지만 작년에 경작했던 작물도 싹을 틔웠다. 삼동추 나물을 다듬은 뒤 남은 굵은 줄기를 거름이 되라고 텃밭에 묻었더니 놀랍게도 싹을 틔웠다. 세상이 궁금하다는 듯 흙 속에서 고개를 쑥 내밀었다. 간절히 살고 싶어 하는 한 생명을 지켜보는 것 같다. 그냥 버린 줄기마저 뿌리내리는 생명력 강한 봄이다. 나도 봄기운을 받고 일어서야겠다.

아직은 휑한 텃밭에 봄을 알리는 노란 유채꽃이 피니
세상이 다 환해졌다.

따뜻한 봄 햇볕과 시원한 봄비를 맞고
상추 새순들이 귀엽게 돋았다.

연둣빛 싹을 틔운 상추 사이로 돌아다니는 청개구리.
밭에 갈 때마다 만나는 녀석이다.

울타리를 치니 마치 집을 지은 기분이다.
야생동물 침입을 막고 내 구역을 구분 짓는 용도.

# 들어나 봤나,
# 채소 과식

"하나 두~울 셋!"

양손으로 풀을 붙잡고 힘껏 잡아당겼다. 아이구야, 꿈쩍도 하질 않는다. 땅에 깊이 뿌리박은 녀석의 힘이 만만찮다. 그렇다고 밭 한가운데를 차지하고 있는 이 녀석을 포기할 순 없지. 다시 한번 우주의 기운까지 모두 끌어모아 더욱 힘껏 잡아당겼다. 우두둑! 줄기만 몇 가닥 뜯어져버렸다. 얼굴에선 땀이 후두둑 떨어지고 어느새 바지와 신발에는 흙이 잔뜩 묻었다.

사흘이 멀다 하고 나의 힐링 텃밭으로 가서 잡초를 보이는 대로 제거했다. 비닐 멀칭을 하지 않으니 잡초를 이기려면 부지런해야 한다. 며칠 출장을 다녀오느라 텃밭에 가지 못했더니 잡초들이 완전 제 세상을 만났다. 텃밭이 잔디구장처럼 푸릇푸릇하다. 드디어 올 것이 왔구나. 말로만 듣던 잡초의 공포가 바로 이런 것이구나. 여름에 접어들어 햇볕이 강해지니 풀들도 부쩍 강해졌다.

밭고랑에 쪼그리고 앉아 손으로 당기고 호미로 박박 긁으며 풀을 뽑았다. 가장 굳건하게 뿌리내려서 어릴 때 제거하지 않으면 뽑기가 만만찮은 왕바랭이, 내 텃밭을 가장 많이 점령해버린 중대가리풀, 어느새 이렇게 자랐나 싶을 만큼 빠른 성장 속도를 자랑하는 쇠비름, 망초, 여뀌도 곳곳에 터를 잡고 있다. 쑥과 명아주, 방동사니도 슬금슬금 자리 잡고, 논에서 흔히 보이는 뚝새풀과 쇠뜨기도 가끔 보인다. 생명력 강한 잡초들은 빈 땅을 허용하지 않겠다는 듯 순식간에 세력을 넓혀간다.

이걸 언제 다 뽑지? 작고 아담한 텃밭이지만 잡초를 제거하려고 보면 아득하고 광활해 보인다. 풀이 더 자라기 전에 빨리 뽑고 싶은 마음에 날씨가 선선한 아침에 일어나자마자 텃밭으로 향했다. 두어 시간 열심히 호미질을 했더니 기운이 다 빠졌다. 도저히 힘이 나질 않았다. 공복 상태로 덤빌 일이 아니로구나. 햇볕도 점점 뜨거워졌다. 이러다가 밭고랑에 쓰러질 수도 있겠어. 이것은 사람이 견딜 수 있는 더위가 아니야. 텃밭 여섯 골 중 세 골만 풀을 뽑고, 오늘은 일단 철수!

집으로 돌아와 밥상을 차렸다. 5월부터 우리 집 밥상에는 채소가 한가득이다. 밭에서 방금 따 온 여러 종류의 상추를 한 바구니 가득 씻었다. 두부와 고추장, 된장, 사과를 갈아 넣고 참기름을 넣어서 만든 두부쌈장과 김이 모락모락 나는 밥만 있으면 한 끼 든든하게 먹을 수 있다. 상추쌈을 먹을 때는 상추 두세 장을 기본으로 깔고 두툼하게 쌈을 만든다. 나의 힐링 텃밭에는 여전히 상추가 무럭무럭 자라고 있으니까.

내가 원한 건 바로 이런 채소 포식, 채소 과식이다. 모둠 샐러드와 모둠 양상추, 쌈채소 씨앗을 세 고랑에 솔솔 뿌렸더니 싹이 꽤 많이 돋았다. 상추 몇 포기만 심어도 충분히 먹을 수 있는데 채소를 왜 이렇게 많이 심었냐고 다들 한마디씩 하지만 그 정도로는 양이 차질 않았다. 아주 그냥 원 없이 먹고 싶었다. 뺨이 불룩해지도록 쌈을 싸 먹으면서 궁리를 했다. 뽑다 만 잡초를 어떡하지? 쉽게 뽑는 방법이 있을까?

며칠이 지나고 비가 내렸다. 옳거니, 이제 다시 텃밭으로 가야 할 때가 왔다. 몇 달 동안 텃밭을 가꾸면서 나도 요령이라는 게 생겼다. 비가 내리기 시작할 때 씨앗을 심거나 모종을 옮겨 심으면 물을 뿌릴 필요가 없고 모종이 시들지 않고 뿌리도 잘 내린다. 비를 흠뻑 맞고 나서 햇빛을 받으면 농작물이 쑥쑥 자란다. 그리고 비가 갠 뒤에도 밭으로 가야 한다. 비가 촉촉하게 내려서 흙이 말랑말랑해지면 풀을 뽑기가 한결 쉽기 때문이다. 그래서 텃밭을 가꾸면서 일기예보를 더욱 자주 보게 되었다.

농사일은 때를 놓치지 않는 게 가장 중요한 법이니까.

토마토가 빨갛게 익었다. 반짝반짝 너무 예쁘다. 이게 정말 내가 키운 열매란 말인가. 먹기 아까울 정도로 예쁘다. 토마토가 점점 굵어지니 무게를 견디지 못하고 줄기가 땅으로 휘어졌다. 튼튼한 지지대를 세웠지만 지지대마저 비스듬히 기울었다. 오이넝쿨도 무성하게 자라더니 노란 오이꽃이 진 자리에 굵은 오이를 매달고 있다. 며칠 사이에 토실토실 굵어졌다. 노각오이가 되기 전 푸릇푸릇할 때 따야겠군.

가지도 주렁주렁 열렸다. 가지 모종 몇 포기면 여름 내내 먹기 바쁘다더니 겨우 네 포기 심었는데 많이도 달렸다. 앗, 따가워! 가지를 딸 때는 가시를 조심해야 한다. 풋고추도 많이 열렸다. 4월 말에 심은 고추 모종이 한동안 영 자라질 않았다. 이대로 실패인가 생각했는데, 6월이 되자 무성해지면서 하나둘 풋고추가 달리기 시작했다.

이처럼 나의 힐링 텃밭에는 열매를 수확하는 재미가 있고 꽃을 보는 재미도 있다. 텃밭에는 늘 꽃이 피고 진다. 4월 노란 유채꽃을 시작으로 노란 쑥갓꽃이 피었고 하얀 고추꽃과 보라색 가지꽃, 노란 오이꽃도 피었다. 보랏빛 도라지꽃은 언제 봐도 예쁘다. 텃밭 울타리에는 하얀 조롱박꽃이 피었고, 오크라도 노랗고 큰 꽃을 피웠다. 밭가에는 봉숭아 모종을 몇 포기 심었더니 빨간 겹봉숭아꽃이 가득 피어 텃밭이 환해졌다. 영양에서 얻어온 목화는 하얀 꽃이 피었다가 분홍 꽃으로 짙어졌고 땅에 붙어서 낮게 자라는 채송화도 활짝 폈다.

이렇게 다양한 꽃을 보고 싶어서 농작물뿐 아니라 여러 가지 꽃도 심었다. 한 가지 작물만 심으면 병이 쉽게 번지지만 여러 종류의 식물을 심으면 병이 퍼지지 않고 식물들이 서로 영향을 주고받으며 잘 자란다고 한다.

텃밭 디자인도 고려했다. 키가 작은 작물은 남쪽에, 키가 큰 작물은 북쪽에 심어서 햇빛을 골고루 받을 수 있게 디자인했다. 그리고 넝쿨식물은 양 울타리 쪽에 심어서 줄기가 울타리 지지대를 감고 오를 수 있게 했다. 그러나 텃밭 설계는 내 의도대로 되지 않았다. 작년에 이 밭에서 키웠던 들깨와 상추같이 내가 심은 적 없는 녀석들이 속속 돋아났는데, 차마 뽑을 수 없어서 그 자리에 두었더니 녀석들이 너무 무성해졌다. 그러자 그 옆에 있는 고추와 오크라가 제대로 자라질 못했다.

씨앗을 심은 적 없는 수박도 싹을 틔워서 넝쿨을 만들기 시작했다. 고향집에 갔더니 엄마가 방바닥과 문틈, 마당에 떨어뜨린 울타리콩이 있길래 몇 개 주워서 텃밭에 심었더니 줄기가 무성하게 자라서 옆에 있는 텃밭까지 넘어갔다. 옆 밭의 오이 덩굴은 다시 이쪽으로 넘어오고, 넝쿨식물들이 서로 엉키면서 내 텃밭은 완전 뒤죽박죽이 되어버렸다. 식물은 내가 의도한

대로 얌전하게 자라지 않는구나. 아이구야!

텃밭을 시작할 무렵, 여러 사람들이 이렇게 말했다. 채소를 많이 심으면 다 먹지 못하고 나눠 주는 것도 일이라고 했다. 애써 가꾼 채소는 아까워서 차마 버릴 수 없고 친구나 이웃들에게 나눠 주려면 그것도 번거로운 일이 된다는 것이다. 처음 일구는 텃밭이라 친구들에게 나누어 줄 만큼 채소를 잘 키울 수 있을까 싶어서 흘려들었는데, 그 말은 곧 현실이 되었다.

촘촘하게 싹이 튼 어린 상추는 열심히 솎아 먹어도 쑥쑥 자랐다. 좀 더 자랐을 때는 새순이 다치지 않게 잎사귀를 돌려가면서 조심스럽게 뜯었다. 한 바구니 가득 뜯고 난 후 며칠 뒤 텃밭에 가보면 언제 뜯었나 싶을 정도로 그만큼 또 자라 있었다. 동네 친구를 불러서 한가득 뜯어 가서 실컷 먹으라고 했다. 안동 시내에 가는 길에 상추 한 보따리를 뜯어서 환경단체 사무실 냉장고에도 넣어두었다. 활동가들이 식사할 때나 집에 가져가서 먹으라고 했다.

6월이 되자 상추는 더욱 왕성하게 자랐다. 이번엔 택배 상자에 가득 담아서 서울 후배네 집으로 보냈다. 서울에선 채소를 사 먹어야 하니 봄기운을 양껏 먹어보아라 그랬더니 상추의 양이 깜짝 놀랄 정도로 많아서 친구들과 나눠 먹었다고 했다. 또 내가 서울 올라가는 길에도 상추를 가방에 잔뜩 담아 갔다. 그날 만나는 친구에게 주려고 했는데, 마침 그 사무실에 여러 동료들이 있어서 한 봉지씩 나눴다. 기분이 좋았다.

이것이 진정 인간을 널리 이롭게 하는 홍익인간 정신인 겐가. 뿌듯하고 보람 있지만 상추 뜯으랴, 포장하랴, 나눠 주랴, 정말 분주했다. 상추가 쑥쑥 자랄수록 몸도 바쁘지만 마음이 더 바빴다. 상추가 가장 싱싱할 때 맛있게 먹어줄 사람들에게 나눠 주고 싶은 마음에 이런저런 궁리를 해야 했다. 시장이나 마트에 가면 가장 흔한 것이 채소지만 직접 키워서 먹는 것은 생각보다 정성과 노력이 많이 필요하고 농사 기술도 필요했다.

햇볕이 화창한 어느 날 텃밭에 갔더니 내 발자국 소리에 놀란 참새떼 수십 마리가 한꺼번에 날아오르는 광경이 펼쳐졌다. 와아, 너희들도 내 텃밭에 놀러 왔구나. 참새들이 먹을 만한 게 없을 텐데 뭘 하고 있었던 걸까 궁금했다. 참새들이 떠난 자리를 보니 깻잎과 오이넝쿨 잎사귀 등에 새똥이 떨어져 있었다. 내가 없을 땐 녀석들의 놀이공원인 걸까? 어쨌든 여기서 잘 놀았다니 기쁘다. 또 놀러 와라.

그러고 보면 나의 힐링 텃밭은 나만의 것이 아니다. 꽃이 피면 꿀벌들이 윙윙대고, 흰나비와 노랑나비도 나풀나풀 날아다녔다. 쑥갓에만 잔뜩 붙어 있는 곤충이 있고, 겨자채만 좋아하는 곤충도 있다. 각자 좋아하는 식물에 달라붙어서 열심히 뜯어 먹고 있다. 너희들도 입맛이란 게 있구나. 신기해라. 얼룩무

늬가 선명한 산호랑나비애벌레는 상추 하나를 열심히 뜯어 먹어서 앙상하게 만들어놓고 똥도 많이 싸놓았다. 예쁜 나비가 될 귀한 몸이지만 꿈틀거리는 모양이 순간 징그럽게 느껴지는 건 어쩔 수 없다. 부디 어서 빨리 예쁜 나비가 되어라.

밭고랑에 쪼그리고 앉아 풀을 뽑다 보니 소나기가 후두둑 쏟아졌다. 그러자 약속이나 한 듯 개구리들이 동시에 합창을 했다. 내 밭과 옆의 밭, 건너편까지 곳곳에 숨어 있던 개구리떼가 귀가 아플 정도로 울어댔다. 이렇게 개구리들이 많았단 말인가? 신기하고도 재밌다. 비가 와서 신난다는 뜻이겠지? 청개구리들은 내 텃밭에 아예 눌러 살고 있다. 주로 싱싱한 상추 사이를 누비고 다니는데 나를 보고도 놀라거나 도망가지 않는다. 몸집이 큰 청개구리가 있고 단추처럼 아주 작은 개구리도 있다. 올봄에 깨어난 아기 개구리들이겠지?

자연의 친구들이 놀러 와 함께 즐기는 텃밭 놀이공원도 괜찮은 것 같다. 싱싱한 채소를 나도 먹고 너희들도 먹고 우리 같이 건강해지자. 이 작은 텃밭에도 생태계가 살아 있다는 것이 신기하고 날마다 텃밭에서 배우는 게 있다. 무엇보다도 내가 먹는 음식이 어떻게 생산되고 얼마나 많은 노력과 정성이 필요한지 새삼 깨닫게 되었다. 햇빛과 바람, 흙과 물, 거름, 미생물 그리고 사람의 정성까지 농사일에는 무엇 하나 소중하지 않은 게 없다.

여름감자 딱 한 바구니 수확! 감자순을 몇 개 심었더니 신기하게도 잘 영글었다.

날씨가 뜨거워지는 여름이 오니 가지가 주렁주렁 열렸다.

토마토가 빨갛게 익어간다. 오, 진정 내가 가꾼 것이란 말인가.

채소들이 쑥쑥 자라니 텃밭이 풍성해졌다.
텃밭을 말끔하게 가꾸려면 잡초를 부지런히 뽑아야 한다.

4장      **아 끼 는    기 쁨**

# 지구를 위한
## 한 시간

저녁 8시 30분, 바로 지금이다! 집 안의 모든 전등을 껐다. 눈앞이 캄캄해지면서 사물을 구별하기 어렵지만 방 안이 어두워지니 이내 마음이 고요해졌다. 3월 마지막 주 토요일 밤, 오늘은 나만이 아니라 지구촌 사람들이 동시에 전등 끄기 캠페인을 벌이는 날이다. 저녁 8시 30분부터 한 시간 동안 전등을 끄고 지구에 닥친 에너지 위기와 기후 위기에 대해 생각하는 시간이다.

전등뿐 아니라 가전제품도 끄고 어둠이 밀려든 방 안에 가만히 앉아 있노라니 처음 얼마 동안은 마음이 홀가분하고 차분해졌다. 그런데, 곧 심심해졌다. 서랍 안을 더듬어 밀랍초를 켰다. 책이나 좀 읽어볼까? 어두침침한 촛불 아래에서는 좀체 글자가 눈에 들어오질 않는다.

"답답해서 안 되겠어."

책을 덮고 시계를 봤다. 8시 50분, 겨우 20분이 지났고 아직 40분이나 남았다. 창문을 열고 앞집과 옆집 어느 집에 불이 켜 있나 둘러보았다. 옥상으로 올라가 서울 하늘에서도 별이 보이는지 관찰해볼까? 조용히 노래를 불러볼까? 옆집에서 이상하다고 생각할까? 평소에는 금세 지나가버리던 한 시간이 전등 하나 껐을 뿐인데 참 길고 지루하게 느껴져 자꾸 시계를 살피게 되었다. 결국 '지구를 위한 한 시간'은 '굉장히 시계를 자주 보는 한 시간'이 되고 말았다.

지구를 위한 한 시간(Earth Hour 캠페인)은 우리나라뿐 아니라 지구촌 사람들이 함께 벌이는 글로벌 캠페인이다. 시드니의 하버 브리지, 파리의 에펠탑, 샌프란시스코의 금문교, 로마의 콜로세움, 뉴욕 타임스퀘어, 중국 만리장성, 도쿄 타워, 런던 시계탑 등 전 세계 주요 랜드마크들도 화려한 전등을 모두 끄고 캠페인에 동참한다. 2007년 세계자연기금(WWF, World Wide Fund for nature)이 호주 시드니에서 처음 시작한 이 캠페인은 해마다 점점 규모가 커져서 2012년에는 152개국, 7001개의 도시에서 지구촌 사람들이 함께 참여한 글로벌 환경캠페인으로 거듭났고, 2018년엔 188개국 1만8000여 곳의 랜드마크가 함께했다. 말 그대로 글로벌 행사가 되었다. 만약 이 전등을 끄는 장면을 지구 밖 우주에서 바라본다면 어둠의 물결이 지구를 한 바퀴 도는 놀라운 장관이 펼쳐질 것이다.

2012년 서울시에서는 이 한 시간 동안 벌인 캠페인으로 23억 원이나 되는 전기 절감 효과를 얻었다고 발표했다. 우리나라 정부와 공공기관 7만4000여 곳, 상징물 333곳, 공동주택 200만 세대가 참여했고, 기업과 민간건물 5000여 곳도 함께했기 때문이다. 공공건물에서만 약 412만8000킬로와트의 전기를 절약했는데, 이것은 어린 소나무 62만9640그루를 심는 효과와 온실가스 1749톤을 줄이는 것과 같다고 한다. 전등을 끄는 일은 너무나 쉽고 단순하지만 지구촌 사람들이 함께하니 이처럼 놀라운 결과를 얻을 수 있었다.


우리는 전기에너지에 너무도 익숙해져 있다. 밤마다 전등을 켤 수 없다면 내가 할 수 있는 일은 과연 몇 가지나 될까? 늘 스위치만 누르면 전기가 들어오니 소중함을 잊고 살았다. 그리고 전기를 사용하는 제품의 종류는 점점 늘어만 갔다. 전기 없이는 밥 짓는 일도 어렵고 청소와 빨래를 하는 일, 머리를 말리는 것조차 번거롭게 느껴진다.

나는 해마다 3월 마지막 주 토요일이 되면 촛불을 켜놓고 조용한 침묵의 시간을 보냈다. 처음엔 한 시간이 무척 길게 느껴지지만 생각해보면 하루 24시간 중 한 시간은 그리 길지 않은 시간이고, 우리 일생에서는 찰나와 같은 순간이다. 최근에는 4월 22일 지구의 날, 6월 5일 환경의 날, 8월 22일 에너지의 날에도 지방정부와 시민단체들이 한 시간 동안 전등을 끄는 에너지 절약 캠페인을 벌이고 있다.

캠페인에 참여한 친구들의 후기를 들어보니 한 시간 동안 촛불을 켜놓고 아이들과 그림자놀이를 했다고 하고, 나지막이 음악을 들으며 노래를 불렀다는 사람, 옥상에 올라가서 별을 관찰했다는 가족, 골목길을 걸으며 동네 산책을 했다는 사람들까지 저마다 다양했다. 어둠이 깃든 한 시간 동안에 전기에 의존하지 않고도 우리가 할 수 있는 일은 참 많다. 이 한 시간 동안에는 밤의 침략자인 빛공해도 사라지고 칠흑 같은 어둠이 찾아드는 정말 고요한 때이다.

지구를 위한 한 시간을 1년에 한 번만 하기 아쉽다면 한 달에 한 번, 일주일에 한 번, 자신만의 고요한 시간을 가져보는 건 어떨까? 한 시간 동안 빛의 소중함을 느끼면서 차분하게 생각을 가다듬는 시간, 세상의 모든 빛과 소음과도 잠시 이별하는 침묵의 시간을 가져보는 건 어떨까?

# 우리 집 에너지,
# 더 줄일 순 없을까

    오랜 서울 생활을 정리하고 고향 근처 마을로 이사를 했다. 귀향 소식을 전하자 내 취향을 아는 사람들의 반응은 마당 있는 농촌집을 구했을 거라는 예상이었다. 물론 내 오랜 꿈이자 최종 정착지는 마당 있는 아담한 집이다. 그러나 현실은 아파트이다. 고향 근처에 신도시가 생기면서 대규모 아파트 단지가 들어섰고, 이곳에서 정착할 것인지는 일단 구하기 쉬운 집에 살면서 차차 생각해보기로 했다.

    지방으로 이사를 오니 서울에선 꿈도 못 꿀 만큼 넓은 집에서 살 수 있다. 비슷한 가격으로 두 배가량 넓은 공간을 누릴 수 있다. 거실과 주방 양쪽으로 낮은 산과 숲을 볼 수 있어서 집 안에서 계절의 변화를 느낄 수 있고, 새소리와 풀벌레들의 오케스트라가 경쾌하다. 시원한 여름비가 지나가고 갰을 때, 가까이에서 또렷하게 들리는 뻐꾸기 소리에 기분이 좋아지고 머리도 맑아졌다. 은은한 달빛을 바라보면서 잠들 수 있다는 것도 참 좋다. 진작 내려올 걸 서울에서 왜 그렇게 오래 살았지? 그러나 서울 생활의 장점도 충분히 많았으니 지난 세월을 아쉬워하진 말자.

이제 낯선 아파트 생활에 적응해야 한다. 본격적으로 물걸레를 들고 집 안 곳곳을 살피며 먼지와 얼룩을 닦고 이전에 살았던 이의 흔적을 지워나갔다. 현관 비밀번호도 바꾸고 홈 오토시스템도 이것저것 눌러보았다. 신축한 지 몇 년 되었지만 여전히 새 집인 이곳에는 각종 첨단 설비가 갖추어져 있다.

특히 주방에 다양하고도 낯선 장치들이 몰려 있다. 싱크대 상부장에는 작은 모니터가 달려 있다. 주방 일을 하면서 TV와 라디오를 이용할 수 있고, 현관문을 열어주는 기능도 있다. 너무 친절하군. TV와 노트북이 있어서 세상 소식을 듣는 건 이미 충분한데 굳이 주방에서까지 모니터를 바라봐야 할까? 싱크대에는 쌀을 보관하는 쌀통이 있고, 도마와 칼 등을 보관하는 도마살균기도 설치되어 있다. 개수대에는 음식물 찌꺼기의 물기를 제거하는 탈수기가 달려 있고, 가스레인지 대신 전기 인덕션이 설치되어 있다.

흠! 모두 전기를 소비하는 기기들이군. 요리할 때 사용하는 인덕션을 제외하면 내게는 다 소용없는 것들이다. 쌀은 실온에 보관하면 되고 도마는 햇볕에 말리면 된다. 음식물 찌꺼기의 물기는 그대로 두면 빠지기 마련이고…. 요리조리 살피며 플러그를 뽑을 수 있는 것은 최대한 제거했다. 그런데 쌀통이나 도마살균기같이 싱크대 뒷면 보이지 않는 곳에 콘센트와 플러그가 설치된 것은 어찌할 방법이 없다. 내가 사용하지 않아도 플러그가 꽂혀 있으니 대기전력을 계속 소비하게 될 것이다. 이런…!

이뿐 아니다. 욕실 변기에는 비데가 설치되어 있고, 욕실 선반에는 칫솔살균기도 있다. 욕실에서 볼일을 보고 있는 곤란한 순간에 누군가 초인종을 누르면 현관문을 열 수 있는 버튼도 있고, 비상상황이 발생했을 때 필요한 경고음 버튼도 있다. 욕실 입구와 현관, 창고에는 센서등이 설치되어 가까이 다가가면 자동으로 켜진다. 또 베란다에는 전동 빨래건조대가 설치되어 있어서 리모컨으로 오르락내리락 작동이 가능하고, 전등을 켤 수도 있고 환풍 기능도 갖추고 있다. 방과 거실엔 천장형 에어컨이 세 대나 설치되어 있다. 더 놀라운 것은 외출할 때 가스레인지와 전기를 한 번에 차단할 수 있는 기능, 엘리베이터를 기다릴 필요 없이 미리 도착하게 하는 기능이다.

와우! 매우 편리하다. 깜짝 놀랄 정도로 편리하다. 그러나 편리하다는 것은 결국 에너지 소비다. 전기 없이는 무용지물, 사용할 수 없는 것들이다. 아파트 한 동에 100가구가 살고 있고, 우리 아파트 단지는 1000세대가 넘고 신도시 전체에는 또 얼마나 많은 집들이 있는가. 전국에 새로 지은 아파트는 또 얼마나 많은가.

이 많은 집들이 이런 편리한 시설을 사용하고 있을 것이고, 사용하지 않더라도 몰라서 또는 귀찮아서 플러그를 뽑지 않고 그냥 대기전력을 흘려보내고 있을 것이다. 물론 일괄소등 기능이나 외출 기능도 있지만 잠잘 때나 외출할 때 이것을 꼼꼼하게 챙기는 사람이 몇이나 될까 싶다.

이사 후 한동안 나는 이 낯선 기기들의 기능을 알아내느라 머리가 좀 아팠다. 뭔가 첨단기능이 설치된 것 같은데 설명서는 없고, 주변 사람들에게 물어봐도 잘 모른다고 했다. 이것저것 눌러서 사용법을 알고 나면 별거 아니지만 처음엔 너무 낯설어서 인터넷 검색을 하고 기기마다 적혀 있는 깨알 같은 작은 글씨와 업체의 홈페이지 주소를 뚫어져라 들여다봐야 했다. 맘 같아선 내가 사용하지 않는 설비들을 싹 뜯어내거나 다른 용도로 바꾸고 싶지만 내 집이 아니니 지금은 어쩔 도리가 없다. 아파트에 새로 입주하거나 이사를 올 때 내가 필요한 기능을 선택할 수 있으면 좋겠다. 집집마다 첨단기기를 일괄적으로 설치하는 건 낭비니까.

아파트 관리비 내역을 보니 이전 집에서 살 때보다 전기요금이 딱 두 배 늘었다. 원인이 뭘까 꼼꼼히 따져보았다. 일단 집이 넓어졌으니 전등의 수가 많고 사람의 움직임에 따라 자동으로 켜지는 센서등도 여러 개이고, 결정적인 원인은 전기 인덕션인 것 같다. 이전 집에서는 가스레인지를 사용했는데, 전기 인덕션은 전기에너지를 다시 열에너지로 바꾸기 때문에 에너지 소비가 큰 것 같다. 그리고 아파트 관리비에는 개별 가정의 전기요금 외에 복도와 엘리베이터, 가로등 같은 공동 전기료도 포함되니 이래저래 전기요금이 부쩍 늘었다.

나는 편리함을 누리는 대신에 마음의 짐이 늘었다. 마치 저울의 균형추가 움직이듯 넓은 집을 얻었으나 에너지 소비라는 고민이 생겼다. 어떻게 에너지를 줄일 것인가, 새로운 방법을 찾아야겠다. 이사 후 새로운 숙제가 생겼다.


2011년 3월 11일 동일본 대지진이 일어나면서 거대한 쓰나미가 밀어닥쳤고, 후쿠시마 원자력발전소가 폭발하는 사고가 일어났다. 주변 지역에 방사능 피해가 매우 커졌고 십여 년 동안 방사성 물질로 오염된 거대한 오염수가 만들어졌다. 일본 정부는 이것을 바다에 방류하고 있어서 어민들과 수산업 관계자, 소비자 등 전 세계 사람들이 반대 시위를 하고 일본 정부를 압박하는 활동을 이어가고 있다.

2024년 3월 16일 경주 시내에서 우리는 거리행진을 하면서 탈핵을 외쳤다. 이 행사는 대구와 경북에서 환경문제에 관심이 많은 시민들이 후쿠시마 원전 사고 13주기를 맞아 자발적으로 모인 것이다. 신라 천년의 수도였던 경주시의 해안가에는 월성 원자력발전소가 모여 있다. 우리나라에서 사용하는 전기의 30퍼센트가량을 원자력발전에서 얻을 정도로 매우 중요한 부분을 차지하고 있다. 그러나 발전 과정에서 매우 위험한 방사능이 나오고, 전기 발전 후 남은 핵폐기물에서도 10만 년가량이나 방사능이 뿜어져 나온다.

10만 년, 참 가늠하기 어려운 시간이다. 단군 할아버지가 고조선을 세운 것이 대략 5000년 전인데, 앞으로 10만 년은 또 얼마나 긴 세월이란 말인가. 사람은 장수해도 고작 100년을 살 뿐인데 말이다. 전기는 우리가 사용하지만 위험한 핵폐기물은 후대가 떠안아야 하는 윤리 문제도 있다. 이런 핵발전에서 벗어나 태양광이나 풍력 같은 안전하고 깨끗한 신재생 에너지의 비중을 늘려서 에너지의 전환을 이루자는 것이 바로 탈핵운동이다.

탈핵운동은 에너지 절약부터 다양한 에너지 교육, 태양광 패널 설치와 소규모 태양광 발전소 운영, 미래세대 기후소송 등 다양한 활동을 이어가고 있다. 이 중에서 소시민인 우리가 할 수 있는 가장 중요한 것은 에너지 절약이다.

2023년 4월 어느 날, 이상고온으로 한낮 기온이 올라가면서 잠시 덥긴 했다. 버스를 타고 이동하는데 에어컨이 켜져 있었다. 4월에 벌써 에어컨이라니…. 조금의 불편함도 참지 않는 세상이 되었다. 예전엔 여름 더위가 길어야 2주가량이라 에어컨 없이도 견뎠지만 이제는 기후위기가 극심해지면서 한여름에 에어컨 없이 생활하기가 힘들어서 '에어컨 복지'라는 말이 생겨났다. 그래서인지 날씨가 선선해서 생활하기 딱 좋은 4월에도, 10월에도 에어컨을 작동시킨다.

한여름에 버스와 기차를 탈 때 나는 늘 겉옷을 챙긴다. 에어컨 온도가 너무 낮아서 후들후들 떨다가 지독한 여름감기에 고생하기 때문이다. 겨울철 집 안에서 두꺼운 양말을 신고 내복과 조끼, 스웨터 같은 따뜻한 옷을 입고 실내온도를 1~2도 낮춘다. 아파트에선 겨울에도 반소매와 반바지 차림으로 산다는 이들도 있는데 그럼 실내온도를 25도가량으로 매우 높여야 한다. 이 무슨 에너지 낭비란 말인가.

전기 이용은 매우 편리하다. 플러그에 콘센트를 꽂거나 스위치만 누르면 작동된다. 그리고 매달 전기요금을 내면 된다. 그러나 이 전기가 어떻게 만들어지고, 우리 집에 전기가 오기까지 어떤 일이 벌어지고 있는지 알아야 한다. 원자력발전소 근처에 살면서 방사능 피해를 입고 이주 대책을 요구하는 주민들의 간절한 목소리에 귀 기울여야 한다.

　최근에 새 집을 지으면서 지붕이나 마당에 태양광 패널을 설치하는 일이 흔해졌다. 친구네 집도, 후배네 집도 태양광 패널을 설치했다. 가정에서 필요한 전기를 태양광에서 얻는데, 이렇게 에너지를 자급자족하는 집이 제일 부럽다. 내 오랜 꿈인 마당 있는 집을 얻게 되면 태양광 전기를 마음 편하게 이용하고 싶다. 그날이여, 어서 오라!

## 가전제품은
## 선택사항일 뿐

　햇살에 눈이 부셔 잠에서 깼다. 푸른 바다와 모래사장이 보이는 좋은 숙소에서 하룻밤을 묵었다. 아침 햇살이 비치자 방 안이 화사해졌다. 정말 화창한 아침이다. 바람이 불자 푸릇푸릇한 나무들이 부드럽게 춤을 췄다. 이렇게 자연환경이 좋은 곳에서 날마다 지저귀는 새소리를 들으며 아침을 맞이하면 정말 행복할 것 같다. 이곳이 우리 집이라면…. 달콤한 상상에 빠져 있을 무렵, 이 행복을 단번에 깨뜨리는 굉음이 들렸다.

　"윙~윙~윙~!"

　옆방에서 긴 머리 그녀가 헤어드라이기를 돌리기 시작했다. 소음을 들으며 아침을 여는 건 참 괴로운 일이다. 깜짝 놀란 나는 되도록 소음이 적게 들리는 베란다로 얼른 피신했다. 그녀의 헤어드라이기 소리에 여행 동행자인 나는 졸지에 소음 피해자 신세가 되었다. 몇 해가 지났지만 지금도 그녀를 생각하면 그날의 소음이 먼저 떠오를 정도라니….

그녀는 참 부지런했다. 아침 일찍 일어나 머리를 감고 무려 30분이나 집에서 챙겨 온 헤어드라이기로 긴 머리카락을 정성껏 말렸다. 그리고 헤어롤로 머리 모양을 만들면서 헤어스타일에 온갖 정성을 들였다. 아름다움을 유지하려면 참 많은 정성을 기울여야 하는구나. 늘 짧은 커트머리에다 머리 감은 후 수건으로 대충 닦고 마는 나로서는 이해하기 어렵지만 말이다.

그녀는 헤어드라이기를 사용한 뒤에 나에게도 쓰라며 건넸지만 나도 모르게 고개를 절레절레 흔들었다. 그냥 괜찮다고 한마디하면 될 것을 굉음에 놀라 몸이 먼저 과하게 반응해버렸다. 그러자 그녀는 헤어드라이기로 머리카락을 잘 말려야 한다, 그러지 않으면 두피에 문제가 생긴다, 감기에 걸린다 등 설명을 하기 시작했다.

"그럼, 헤어드라이기를 사용하지 않는 사람은 모두 두피에 문제가 생길까요?"

하고 싶은 말을 억누르고 있던 차에 터져 나온 이 한마디에 그녀는 피식 웃으며 돌아섰다. 가전제품은 누구에게나 선택사항일 뿐이다. 사용하는 사람이 있고 그렇지 않은 사람이 있기 마련인데, 어느 순간 가전제품을 사용하지 않는 사람을 이상하게 여기는 분위기가 형성되었다. 그 제품을 쓰지 않으면 불편해서 어떻게 사냐는 것이다. 그 제품이 개발되지 않았던 시절에도 사람들은 잘 살았고, 모든 사람이 그것을 사용하는 것도 아닌데 말이다. 기계를 사용해야 청결하고 건강하다는 것은 그 제품을 홍보하는 회사의 마케팅에 설득된 것이 아닐까?

하긴 우리 집에도 작은 헤어드라이기가 있긴 하다. 우리 집을 찾아온 손님이 헤어드라이기가 없다는 사실에 너무 놀라고 실망하는 바람에 손님용으로 준비해두었다. 손님을 맞이하는 숙박업소도 아닌데 손님의 눈치를 봐야 하다니, 쩝!

추운 겨울철에 머리를 감은 후 곧바로 외출해야 할 때나 헤어드라이기를 사용하는 정도라서 일 년에 몇 번 사용할까 말까 하다. 아주 드물게 사용할 때마다 그 소음은 여전히 적응할 수가 없다. 전자파 걱정은 또 어떤가. 요즘은 무소음 헤어드라이기도 있다고 하던데….


대걸레로 구석구석 집을 닦다 보니 땀이 후두둑 떨어졌다. 아이쿠, 다시 땀을 닦아야겠구나. 이 더위에 운동이 따로 없다. 집은 왜 이렇게 넓은 거냐? 청소할 때마다 더욱 광활해지는 우리 집…. 구석구석 닦으며 바닥에 얼룩이 있는지, 벽에 금이 가거나 문제가 생겨 수리가 필요한 건 아닌지, 방충망에 구멍이 생겨서 벌레가 들어오는 건 아닌지 살펴본다. 청소기로 쭉 밀면 편하다는데, 외출할 때 로봇청소기를 작동시킨 뒤 집으로 돌아오면 말끔하다는데…. 그런 얘기에 순간 솔깃하지만 아직까지 청소기를 사본 적이 없다. 나중에는 생각이 바뀔 수도 있지만 지금은 걸레로 청소를 하는 게 편하다. 아직은 체력이 좋으니까.

가정마다 흔히 사용하지만 우리 집에는 없는 가전제품이 있다. 전기밥솥, 빨래건조기, 식기세척기, 정수기, 전자레인지 등. 본래 없었기 때문에 불편함이 없다. 전기밥솥 대신 작은 압력밥솥이 있고, 빨래건조기는 없어도 빨래건조대가 있고, 식기세척기보다는 손으로 그릇을 말끔하게 닦는 걸 더 좋아하고, 정수기보다는 주전자에 물을 끓여서 먹는 걸 좋아한다. 기계를 이용하는 것보다는 내 손으로 해결하는 게 더 좋다. 아직은…. 세월이 흘러 더 나이가 들면 생각이 바뀔 수도 있겠지. 나도 편한 걸 좋아하는 보통 사람이니까.

되도록 가전제품의 수를 줄이려고 한다. 에너지 사용을 줄여서 전기요금을 더 줄이고 싶고, 집 안에 있는 물건의 수도 줄여서 여백을 더 만들고 싶다. 어느 순간 둘러보면 물건을 너무 많이 소유하고 있어서 답답하게 느껴지기 때문이다. 일 년에 몇 번 사용할까 말까 하는 물건에 먼지가 쌓이면 일일이 청소하기도 힘들다. 물론 우리 집에도 냉장고, 텔레비전 같은 필수

가전제품은 사용하고 있다.

세탁기는 미루고 미루다가 늦게야 구매했다. 세탁기가 없던 시절, 사람들은 깜짝 놀라거나 아주 안쓰러운 눈길로 바라보곤 했다. 빨래 노동이 얼마나 힘든데 그 많은 옷을 손빨래로 한단 말인가, 신기한 사람을 바라보는 듯한 시선을 보내기도 했다. 우리 집에 세탁기가 있든 없든 상대방에게 불편을 줄 건 없지 않은가? 만약 핸드폰을 사용하지 않는다면 연락해야 할 때 상대방에게 불편함을 줄 수 있겠지만 말이다.

어느 집을 방문했을 때 한 벽면에 가득 소형 가전제품이 진열되어 있었다. 토스터, 전자레인지, 작은 오븐, 믹서기, 에어 프라이기, 가습기 등 마치 가전제품 매장을 둘러보는 것 같았다. 이사를 하거나 뭔가 특별한 일이 생겼을 때 친구들이나 아는 사람들은 소형 전자제품을 선물하고 싶다고 했다. 우리 집에 필요한 게 있냐고 물어왔다. 그럴 때마다 나는 괜찮다고, 과일이나 사 와서 같이 맛있게 먹자고 말했다. 또 친한 사람들과 사용하지 않는 물건을 서로 나누는 일을 하곤 하는데, 그럴 때마다 에어프라이기, 작은 오븐 같은 가전제품이 늘 포함되어 있다. 가전제품이 정말 많고도 흔한 세상이구나.

대기업에서 새롭게 선보인 광고 중에 채소를 키우는 가전제품이 있었다. 마치 진열장처럼 유리로 된 가전제품 안에서 채소와 꽃이 자라고 있었다. 식물은 화단이나 밭 같은 야외에서 자라는 것인데 실내에서 전기를 이용해서 키우다니, 이런 제품을 개발하다니 깜짝 놀랐다. 이 좁은 기계 안에서 과연 식물을 얼마나 키울 수 있단 말인가. 기후위기로 세계는 지금 에너지 절약을 위해 노력하는데 식물을 키우기 위해 에너지를 소비하다니….

예전엔 낯설었던 제품이지만 세월이 흘러 당연하게 생각하게 된 제품들이 있다. 빨랫줄이나 빨래건조대에 옷을 널면 잘 말릴 수 있는데 기계로 말린다구? 그러나 이젠 세탁기 옆에 빨래건조기가 있는 풍경이 낯설지 않다. 창문을 열어 환기시키는 것으로 충분하다고 여겼지만 이젠 집집마다 공기청정기를 들여놓았다. 주방에 있는 식기세척기도 낯설지 않고, 변기에 설치된 비데는 또 어떤가? 지금은 너무나 생소하게 느껴지는 가전제품도 세월이 지나면 당연하게 여기며 사용하고 있을 수도 있겠다.

전기·전자제품을 만드는 과정에서 철과 플라스틱, 알루미늄, 구리 같은 자원뿐 아니라 희귀금속도 다양하게 쓰이고 있다. 이것을 채굴하기 위해 아프리카와 남아메리카 어느 곳에서는 광산 개발이 계속되고 있고, 노동 착취와 인권 유린, 환경오염 같은 문제가 이어지고 있다. 전기·전자제품을 사용하는 동안에는 에너지 소비가 늘어난다. 또 사용하다 고장 나거나 싫

증나서 버린 전자폐기물도 점점 늘어나고 있다. 이 과정에서 우리가 얻은 것은 무엇이고 잃어버린 것은 무엇일까? 우리 손으로 직접 할 수 있는 일을 점점 잊어버리는 건 아닐까?

유엔의 글로벌 전자폐기물 보고서(2020년)에 따르면 2019년 전 세계 전자폐기물의 양이 536억 톤으로 5년 사이에 21퍼센트나 늘었다고 한다. 2030년에는 전자폐기물이 740억 톤 발생될 것으로 예측했다. 또 선진국에서 배출한 전자폐기물은 상대적으로 가난한 아시아와 아프리카로 수출해서 안전장비나 안전시설을 갖추지 않은 상태에서 분해하고 처리하여 노동자들의 건강을 위협하고 물과 땅, 공기 오염을 일으키고 있다.

"쑹~쑹~쑹!"

고속도로 휴게소 여성 화장실에서 손을 씻은 사람이 손 건조기에 손을 넣자 기계가 굉음을 내며 작동하기 시작했다. 손 건조기는 바람을 일으키며 단숨에 손을 말리는데 소음이 너무 커서 머리가 어지러울 지경이다. 얼른 이곳을 빠져나가고 싶어서 나는 마음이 급해졌다.

어느새 공중화장실에는 손 건조기가 대부분 설치되어 있다. 사람들은 세면대에서 손을 씻은 후 자연스레 손 건조기로 손을 말린다. 손 건조기가 꼭 필요하다기보다는 가까운 곳에 설치되어 있으니 무심코 사용하는 것 같다. 고속도로 휴게소 화장실처럼 이용자가 많은 곳은 손 건조기를 사용하기 위해 줄을 서기도 한다. 그 옆을 지나치면서 나는 아주 못마땅한 표정으로 그들을 향해 눈으로 레이저 한 방을 발사했다. 줄을 서 있는 동안 이미 손이 마르지 않을까?

손수건으로 물기를 닦거나 대충 털기만 해도 손이 마르는데, 굳이 전기를 사용해야 할까? 이런 단순하고도 작은 일에도 에너지를 소비해야 할까? 정말 우리 시대에 자원을 다 써버리고 말 것인가? 이 기계는 처음에 어떤 용도로 발명했고, 언제부터 공중화장실에 널리 보급된 것일까? 그리고 소음 피해가 생기지 않게 발명할 순 없었을까? 많은 생각과 궁금증이 몰려왔다.

중세 유럽에는 황당한 세금이 있었다. 1303년 프랑스 필립 4세 왕은 국민들에게 세금을 더 걷기 위해 창문세를 만들었다. 당시 창문에 사용하던 유리는 고가의 사치품이라 부유한 귀족들 집에서나 설치했다. 그러니까 일종의 소득세 명목으로 창문세를 걷었다고 한다. 1662년 영국의 찰스 2세 왕은 전쟁 자금 조달을 위해 집집마다 있던 난로에 세금을 매기는 난로세를 만들기도 했다.

만약 이런 기준으로 현재 황당한 세금을 만든다면 소음세는 어떨까? 중세 사람들이 세금을 내지 않기 위해 창문을 없애고 난로를 숨겼던 것처럼 소음세를 내지 않기 위해 너도나도 소음을 줄이려 노력하지 않을까? 기업에서도 소음을 줄인 제품을 출시하면서 세상이 한결 조용해지지 않을까? 엉뚱하지만 이런 상상도 해보았다.

가전제품은 선택사항일 뿐이다. 전국의 모든 가정에서 가전제품의 수가 늘어나면 에너지 소비는 걷잡을 수가 없다. 또 가전제품은 가격과 디자인, 에너지 소비 등을 고려하여 신중하게 구매해서 오래오래 사용하는 것이 좋다. 공공장소에서 무료로 사용할 수 있는 전기제품 역시 꼭 필요할 때만 선택해서 사용하는 것이 좋다. 그리고 내 손으로 할 수 있는 건 직접 해결하자. 몸을 열심히 움직이는 것이 건강에도 낫지 않을까?

# 핸드폰을
# 오래오래 사용할 권리

누군가 현관문을 다급하게 두드렸다. 문을 열어보니 위층에 살고 있다는 젊은 여성이 뭔가 다급한 일이 생긴 듯한 표정으로 나를 바라보았다. 당시 나는 이사한 지 얼마 되지 않아 처음 보는 사람이지만 이웃이라니 도움을 줘야겠다고 생각했다. 그 사람은 핸드폰을 잃어버려서 계속 찾고 있는데 도무지 찾을 수가 없다며 자신의 핸드폰으로 전화를 걸어달라고 부탁했다. 핸드폰이 없으니 너무 불안하다며 발을 동동 굴렀다. 이 정도 부탁쯤이야. 곧바로 전화를 걸었다. 그런데, 놀라운 일이 벌어졌다. 그 이웃 사람의 주머니에서 갑자기 핸드폰이 울렸다.

"어머나, 주머니에 있었네."

당황한 그 사람은 고맙다는 인사도 미처 하지 못한 채 계단을 뛰어올라 줄행랑쳤다. 이런 시트콤 같은 상황이라니…. 좀 더 찬찬히 찾아보면 될 것을, 핸드폰 없는 상황이 그렇게 다급했던 걸까? 하긴 누구라도 그럴 순 있지. 핸드폰이 가까이에 있지 않으면 불안하고 핸드폰을 집에 두고 나온 날은 아무것도 할 수 없을 것 같은 기분이 들지. 그것은 마치 정전이 되어 전기제품을 사용할 수 없을 때 아무 일도 할 수 없어 무력해진 것과 같은 기분이랄까. 언제부터 우리는 이렇게 핸드폰에 의존하게 된 것일까?

미국 뉴저지에 있는 한 레스토랑은 손님이 식사 중에 핸드폰을 사용하지 않으면 음식값의 20퍼센트를 할인해준다. 가족이나 친구와 함께 온 손님들이 대화를 즐기기보다는 각자 핸드폰만 들여다보다가 음식이 식어서 다시 데워달라는 요구가 잦았다고 한다. 이 식당의 매니저는 손님들이 식사 시간만큼은 따뜻한 음식을 먹고 핸드폰 없이 온전히 서로 대화를 즐길 수 있게 해주기 위해 이런 할인 정책을 만들었다고 한다.

로스앤젤레스의 한 레스토랑에서는 손님들이 입장할 때 리셉션에 핸드폰을 맡기면 음식값의 5퍼센트를 할인하는 혜택을 준다. 식당을 운영하는 주인 부부는 끝없이 울리는 핸드폰 벨소리에 식사다운 식사를 못하는 손님들을 보면서 핸드폰을 없애자는 과감한 아이디어를 생각했고, 메뉴판에 '핸드폰을 리셉

션에 맡기면 5퍼센트를 깎아준다'는 공지문을 넣었다고 한다.

일본 도쿄의 라멘 식당도 핸드폰 사용을 금지시켰다. 이 식당의 라멘은 아주 가느다란 면발을 사용해서 빨리 먹지 않으면 불어서 맛이 없어지는데, 손님들이 핸드폰으로 동영상 등을 보느라 라멘을 제때 먹지 않아 식사시간이 점점 길어졌다. 이렇게 손님들이 라멘 맛을 제대로 느끼지 못하고, 한창 바쁜 시간대에 줄 서서 기다리고 있는 다른 손님들에게도 미안해서 핸드폰 사용을 자제해달라고 부탁했다.

싱가포르의 패스트푸드점에서는 식사하는 동안 핸드폰을 넣어둘 수 있는 투명 보관함을 설치했고, 프랑스 남부의 한 식당에서는 손님이 핸드폰을 사용하면 직원이 휘파람을 불고 옐로카드 경고를 날리기도 한다. 영국의 레스토랑에서는 부모가 핸드폰을 직원에게 맡기면 14세 미만의 어린이에게 무료 음식을 제공하는 이벤트를 열기도 했다.

세계의 식당들이 이런 할인이나 경고 정책을 도입한 것은 식사를 하면서 가족이나 친구들끼리 대화를 나누며 음식을 즐기지 않고 각자 핸드폰만 들여다보는 대화 단절 상황을 없애기 위해서이다. 음식을 먹는 중에도 핸드폰을 만지작거리거나 핸드폰을 세워놓고 영상을 보는 사람들이 늘고 있는데, 이런 행동은 식사에 집중하지 못하고 제대로 씹지 않고 삼켜서 소화불량에 걸리거나 음식의 양을 조절하지 못해서 과식을 하는 등 잘못된

식습관으로 이어져서 건강에도 좋지 않은 영향을 미친다.

여러 사람들과 식당에 모여 식사가 나오기를 기다리는 자리, 간간이 이어지던 대화가 잠시 끊어지자 마치 서로 약속이나 한 듯 다들 핸드폰을 켰다. 어색하거나 지루함을 느낄 때 핸드폰의 메시지를 확인하거나 인터넷 기사를 읽으면서 시간을 보내고 싶은 것이다. 각자 핸드폰 화면으로 시선이 쏠리자 대화는 더 이상 이어지지 않았다. 서로 마주 보며 앉아 있지만 같은 주제로 이야기를 나누며 친해지기는 어려워졌다. 아, 그냥 빨리 일어나 이 자리를 벗어나고만 싶다.

핸드폰은 멀리 있는 누군가와 통화를 하거나 메시지를 보내는 등 소통의 도구인데, 핸드폰 사용이 과도해지면서 함께 앉아 있는 상대방과는 도리어 대화가 단절되는 역효과를 낳고 있다. 멀리 있는 누군가와 메시지를 주고받는 데 몰두하느라 정작 바로 앞에 앉아 있는 사람이나 곁에 있는 가족과는 어색해지거나 거리감이 생기는 묘한 상황이 만들어지는 것이다.

청소년과 부모 사이에 핸드폰 문제로 심한 갈등을 겪는 경우도 늘고 있다. 청소년 자녀가 영상이나 게임을 즐기는 등 핸드폰을 과도하게 사용하면서 취침시간이 불규칙해지고 일상생활에 어려움을 겪기도 한다. 가족들이 서로 대화를 하기보다는 각자 방에서 핸드폰만 들여다보면서 점점 갈등이 심해지는 경우도 있다. 소통을 잘하기 위해 발명된 기계가 도리어 불통의 관계를 만들어버렸다. 우리는 핸드폰을 소통의 목적으로 잘 사용하고 있을까?

핸드폰과 관련된 또 다른 고민은 수리 문제이다. 대개 전기·전자 제품은 집이나 사무실의 고정된 장소에 두고 사용하지만 핸드폰과 노트북 같은 제품은 휴대해서 사용하는 것이라 이동 중 떨어뜨리거나 부딪혀 깨지거나 흠집이 생기는 일이 생길 수 있다. 또 반복해서 전기를 충전해서 사용하면서 배터리의 수명도 점점 짧아진다. 세월이 흐르면 모든 물건은 낡고 고장 나기 마련이지만 핸드폰은 다른 전기·전자 제품에 비해 가격은 비싼데 비싸지만 수명이 짧다는 단점이 있다. 냉장고나 TV, 세탁기 등은 십 년가량을 쓸 수 있지만 핸드폰은 약정 기간인 2~3년이 되면 슬슬 고장이 난다고들 한다.

이럴 때 핸드폰을 수리해서 오래 사용하고 싶은데, 부품이 없거나 수리비가 비싸서 새 제품을 사는 것이 도리어 낫다는 얘기를 들으면 마음속에선 부글부글 화산이 폭발한다. 새것을 사면 된다는 걸 누가 모를까. 다만 내가 사용하는 소중한 물건을 오래오래 사용할 권리, 내 선택권을 갖고 싶다는 것이다. 늘어나는 전자폐기물 문제는 또 어떤가?

컴퓨터와 복합기, 청소기, 믹서기, 에어프라이기, 전자레인지, 카메라 등 사무기기와 소형 가전제품을 일상에서 매우 다양하게 사용하고 있다. 이렇게 전기·전자제품의 사용은 부쩍 늘었지만 고장이 나면 수리하기가 쉽지 않다. 무게가 가벼운 제품은 직접 AS센터로 가져갈 수 있지만 부피가 큰 제품은 방문 서비스의 비용이 만만치 않다. AS센터를 방문해도 오래되어 부품이 단종되어 수리할 수 없다는 통보를 받기도 한다. 쓸만한 물건을 그냥 버리는 것은 자원낭비이다.

수리권은 내가 사용하던 제품을 잘 고쳐서 사용할 수 있도록 하는 권리이다. 이것은 기업이 보증기간 안에 서비스를 해주는 정도에 그치지 않고 소비자가 수리를 할 수 있도록 정보와 사회기반시설, 제품을 제공받을 권리를 모두 포함하고 있다. 수리가 쉽고 수명이 긴 제품 설계와 생산, 수리가 쉽고 수명이 긴 제품을 선택하기 위한 정보 제공, 법적 보증기간 내 수리받을 권리, 보증기간 이후에도 수리 의무를 부과해 수리할 권리, 수리 기술과 부품 독점을 막고 수리 주체, 방식, 업체를 선택할 권리를 말한다.

최근에 환경단체를 중심으로 소비자의 수리권을 보장하라는 목소리가 높아지고 있다. 우리 소비자들도 수리권에 관심을 가지고 부품과 기술을 가진 기업들이 수리에 적극 나설 수 있도록 좋은 제도를 만들어가야 한다.

핸드폰을 스스로 고쳐보려는 소비자들이 직접 수리 워크숍을 열었다. 핸드폰에서 가장 흔히 문제가 생기는 곳은 액정과 배터리인데, 이 부품을 사서 직접 고치고 기술을 가르쳐주기도 했다. 서비스센터에서 수리할 수 없다면 내가 직접 부품을 구해서 수리해보겠다는 이들의 적극성이 정말 마음에 든다. 이처럼 내가 사용하는 물건을 고쳐서 더욱 오래 사용하는 문화가 만들어지고, 수리할 수 있는 수리점도 동네 가까이에 생겼으면 좋겠다. 수리권이 보장될수록 전자폐기물의 양을 줄이고 자원도 아낄 수 있다.

지금 나는 핸드폰을 소통의 목적으로 잘 사용하고 있는가? 밤낮없이 핸드폰만 들여다보면서 심각한 중독 증세를 보이고 있진 않은가? 내가 사용한 핸드폰은 몇 살인가? 전자기기에 너무 의존하고 있는 건 아닌지 한번 생각해봐야 할 문제다.

* 폐핸드폰을 수거하는 나눔폰: 나눔폰.kr
* 청소년의 핸드폰 중독 문제를 상담하는 스마트쉼센터: iapc.or.kr

# 웬만해선 노푸족을
# 이길 수 없다

처음 J를 만난 건 답사 여행이었다. 우리는 대절버스를 타고 일주일 동안 전국의 생태마을을 찾아가 다양한 이야기를 들었다. 버스 안에서는 전국에서 모인 사람들과 친분을 쌓고, 마을에 도착하면 생태마을을 일구기 위해 애쓰는 분들의 감동적인 이야기에 귀 기울였다. 이 여정에서 기록을 맡았던 나는 답사 내내 사람들의 이야기에 온 신경을 집중했다.

해질 무렵 어느 마을에 도착한 우리 일행은 각자 짐을 풀며 피곤한 하루 여정을 마무리하고 있었다. 일행들이 많으니 씻고 닦는 일에도 꽤 시간이 걸리고 욕실의 차례가 오기를 인내심을 갖고 기다려야 했다. 그때 수건을 목에 두른 J가 마당에 있는 수돗가에 나타났다. J는 시원하게 물이 쏟아지는 수도꼭지 아래에 머리를 들이밀고 몇 번 헹구는가 싶더니 수건으로 탈탈 털어버렸다.

"어, 어, 어, 이게 뭐지? 이게 아닌데…"

나도 모르게 J의 움직임을 따라 고개를 돌리다가 J를 불러 세웠다. 아니, 머리를 감으려면 비누칠도 하고 샴푸로 거품을 내야 하는 거 아닌가? 아무리 대충 씻는 남자라 해도 이건 좀 심하지 않나? J는 머리에 물만 묻힌 채 다시 닦아버렸고 얼굴에는 비누칠조차 하지 않았다. 하루 종일 머리에 묻은 먼지와 땀, 비듬 등을 제거하려면 비누와 샴푸로 말끔하게 닦아내야 하는 게 아닐까? 이런 얘기를 이미 많이 들은 듯 J는 여러 해 전부터 비누를 쓰지 않고 있지만 괜찮다며 피식 웃었다. 아, 세상에 이런 사람도 있구나. 놀랍기도 했지만 나는 여전히 의심의 눈초리를 거두지 않았다. 되도록 J의 곁에는 앉고 싶지 않았다. 나는 냄새에 민감하고, 청결과 위생을 매우 중요하게 생각하는 사람이니까….

그 후 여러 해가 흘러 몇몇 일행들과 함께 떠난 기차여행에서 다시 J와 동행하게 되었다. 기차 안에서 7박 8일을 먹고 자면서 하얗게 눈이 쌓인 시베리아 풍경을 원 없이 바라보았다. 끝없이 펼쳐지는 하얀 자작나무 숲과 마을을 덮을 정도로 쌓인 눈, 마치 바다처럼 넓은 바이칼 호수 등 기차 여행은 너무도 재

있었다. 하지만 씻는 게 몹시 불편했다. 비좁은 화장실에서 졸졸 흐르는 물로 씻는 건 여간 불편한 게 아니었다. 남자 일행들은 '에라, 잘 됐다'고 하면서 아예 씻는 걸 포기했다. 그러자 우리 일행들이 쓰는 방에서는 점점 청국장이 발효되는 듯 쿰쿰한 냄새가 진동했다.

그러나 J만은 별 문제가 없어 보였다. J는 처음 답사여행 이후 십여 년이 지났지만 여전히 비누나 샴푸 등을 사용하지 않고 있었고, 비좁은 화장실에서도 잘 씻고 기차 안 샤워실을 이용하기도 했다. 욕실에 샤워하러 들어가면 정작 몸을 씻는 시간보다 옷을 벗었다가 다시 입는 시간이 더 길다고 했다. J의 이야기는 오랜만에 다시 들어도 참 신기하기만 했다.

궁금증을 참지 못한 나는 가렵거나 머릿결이 뻣뻣해지는 등 문제가 없냐고 꼬치꼬치 캐물었다. J는 자신의 머리카락을 직접 만져보라고 했다. 머리카락은 부드럽고 찰랑찰랑했다. 샴푸를 열심히 쓰는 우리 일행들의 머리카락과 별반 다르지 않았다. J의 얼굴은 도시 사람들처럼 뽀얀 피부는 아니지만 논밭에서 일하느라 그을린 농촌 사람의 건강한 피부였다. J는 전북 장수에서 성실하게 농사를 짓는 사람이다.

J의 논리는 이랬다. 사람의 피부는 보호막이 있어서 물로 씻어내는 것으로 충분하고, 오히려 비누와 샴푸로 너무 많이 씻어내면 그 보호막이 사라지는 것이라고 했다. 그리고 비누와

샴푸, 린스 등 각종 세제를 사용하면서 물 오염이 더 심각해지지 않느냐고 되물었다. 아차차! 기차 안에서 열띤 토론을 벌이던 우리는 물 오염이라는 말에 모두 할 말을 잃고 말았다. 그렇지. 비누와 샴푸를 사용하지 않는 '노푸족'이야말로 물 절약의 최고봉이지. 청결도 중요하지만 물 절약 측면에서는 누구도 웬만하면 노푸족을 이길 수가 없지.

몇 가지 환경책을 읽고 환경문제에 관심이 생겼던 20대 무렵, 비누로 머리를 감고 식초로 헹구는 방법을 시도해보았다. 아무래도 샴푸보다는 물을 덜 오염시키고 물 절약도 할 수 있을 것 같았다. 그러나 머리카락이 너무 뻣뻣하고 머리를 감아도 뭔가 찝찝했다. 식초 냄새도 너무 강렬해서 하루 종일 식초 냄새가 코에 붙어버린 것 같았다. 번번이 실패하고 다시 도전하기를 반복했다.

그러던 어느 해 두어 달 동안 삭발을 한 적 있었다. 삭발 기간에는 세숫비누로 머리와 얼굴을 가볍게 씻기 때문에 이대로 유지하면 비누로 머리감기 정도는 성공할 것 같았다. 머리카락이 조금씩 자라는 동안은 꽤 성공적이었다. 그런데 물이 좋지 않은 지역으로 몇 달 교육을 받으러 가는 바람에 다시 샴푸를 사용할 수밖에 없었다. 우리와 물이 다르고 오염이 심한 곳을 다니느라 비누와 샴푸로 열심히 박박 씻어야 했다. 열심히 씻어도 머리카락은 뻣뻣했다. 결국 또 실패였다! 늘 도전정신은 용감했으나 쓰디쓴 실패를 맛봐야 했다.

아무래도 노푸족까지는 어렵고 나만의 방법을 찾기로 했다. 우리 집 욕실에는 플라스틱 대야가 있다. 머리를 감거나 샤워를 하면서 쏟아지는 물은 대야에 받아서 날마다 빨아야 하는 양말이나 손수건, 행주나 걸레 같은 것을 씻을 때 사용한다. 머리를 감는 동시에 손빨래를 하는 것이다. 빨래를 헹구면서 나오는 물로 욕실 청소까지 동시에 한다. 세면대에서 손을 씻을 때 생기는 물도 작은 플라스틱 바가지로 퍼서 변기를 닦거나 세면대 구석구석을 말끔하게 닦는다.

주방 싱크대에도 커다란 스테인리스 양푼을 두고 그릇을 모았다가 한꺼번에 설거지를 하고, 마지막에 나오는 맑은 물은 화분에 뿌리거나 베란다를 청소할 때 사용한다. 밥 지을 때 나오는 쌀뜨물은 화분의 영양분으로 최고다. 그리고 주방세제나 샴푸 등은 되도록 물에 빨리 분해되는 친환경 세제를 사용한다. 친환경 세제를 사용한 것은 환경문제에 관심이 생긴 20대부터였으니 꽤 오래되었다. '되도록'이라는 말을 붙인 것은 가끔 선물로 받은 일반 샴푸를 사용할 때도 있기 때문이다.

손빨래나 설거지를 할 때 처음부터 계속 물을 틀어놓지 않고 헹굴 때만 수도꼭지를 돌려서 아까운 물이 그냥 흘러가지 않도록 한다. 이런 습관은 오래되어서 공공화장실이나 목욕탕에서 수도꼭지를 그냥 틀어놓고 있는 것을 보면 나도 모르게 반사적으로 잠그게 되었다. 그 앞에 서 있는 사람이 무안해하거나 황당해하며 나를 노려보는 듯 뒤통수가 뜨끔거렸지만 공공장소에서 물 절약도 중요하니까. 내 행동을 보고 뭔가 느끼는 게 있겠지 하고 생각하며 줄행랑을 쳤다.

우리나라는 사계절이 뚜렷하고 비가 많이 내리는 편이고, 물도 참 좋은 편이다. 언론에서 '물 부족 국가'라는 표현을 쓰기도 하지만 일상에서 물 부족을 느끼지는 못한다. 가뭄에 농작물이 타들어가고 섬 지역에서는 제한급수를 해도, 도시에서는 수도꼭지만 틀면 맑은 물이 콸콸 나오니 말이다. 상수도 시스템이 너무도 잘되어 있고, 아파트나 빌라 같은 현대주택들은 물을 쉽게 쓸 수 있는 구조로 되어 있다.

물 전문가에 따르면 우리나라는 여름철에 내리는 비의 양이 충분한데 이것을 사계절 동안 쓸 수 있게 잘 모아서 관리하는 방법이 필요하다고 한다. 그리고 기후위기로 예기치 못한 시기에 폭우가 쏟아져서 큰 피해를 주는 일이 잦아지고 있어서 이런 대비도 마련해야 한다고 한다.

무엇보다도 물을 오염시키지 않는 방법을 찾아야 한다. 하천이나 강은 상류에서부터 논밭의 농약이나 비료, 축산농가의 오염물, 마을과 도시에서 나오는 오수, 각종 생활쓰레기 등으로 오염되고 있다. 정수장에서 정수해서 공급하는 가정의 수돗물도 그냥 마시기 꺼려 해서 멀리서 온 생수를 사서 마신다. 맑은 물, 맑은 공기 등은 인간의 기본권이다. 누구나 평등하게 누리고 이용할 수 있는 공공재라고도 한다.

물이 좋은 농촌에서 자란 나는 도시에 처음 갔을 때 물을 아껴야 하고 수도요금을 내야 한다는 게 참 불편했고, 지금도 그렇다. 농촌에서는 부족한 것투성이지만 맑은 물은 아낌없이 쓸 수 있었다. 말 그대로 물을 물 쓰듯 할 수 있었던 때가 있었다. 수도꼭지에서 쏟아지는 물을 시원하게 마시고 물병이나 텀블러를 챙겨 다닐 필요도 없었다. 더욱이 물을 사 먹어야 한다는 것은 여전히 마음이 편치 않다.

주전자에 수돗물을 담고 볶은 옥수수를 몇 알 떨어뜨려 물을 끓였다. 볶은 옥수수나 볶은 현미를 넣고 물을 끓이면 물맛이 부드럽고 좋아진다. 나는 정수기를 사용하지 않고 물을 먹을 만큼만 끓여서 마신다. 겨울에는 그냥 주전자에 둔 채로 상온의 물을 마시고, 여름에는 끓인 물이 식으면 작은 유리병에 나눠 담아 냉장고에 넣어두고 마신다. 여행이나 출장을 갈 때도 되도록 물병에 이 물을 담아서 간다. '반드시'가 아니라 '되도록'이다. 어쩔 수 없는 경우도 있으니까. 창가에 서서 따뜻한 차를 마시며 시원하게 쏟아지는 비를 바라보았다. 세찬 비가 물 절약, 물 오염 같은 고민까지 시원하게 씻어주었으면 좋겠다.

주전자에 볶은 옥수수나 볶은 보리 몇 알 넣고 물을 끓여서
손잡이가 있는 컵에 담아 냉장고에 넣어두면 시원한 물을 마실 수 있다.

순천만 정원박람회가 열리는 곳에서 만난 물 마시는 곳.
도시 곳곳에 이런 음수대를 설치하면 시민들이 물병이나 텀블러를
들고 다닐 필요가 없고 생수를 사서 마실 필요도 없겠지.
사과 모양의 디자인이 예쁘다.

통영시에서 지속가능발전 교육을 전문으로 하는 세자트라숲.
구내식당에는 물을 아끼는 3단계 설거지법이 있다.
많은 사람들이 이용하지만 놀랍게도 아주 적은 물로 그릇을 씻는다.

# 조기대가리를
# 다지던 날

어젯밤 제사를 지내고 과일과 떡, 각종 전까지 맛난 음식들이 남았다. 아침이 되자 엄마는 그 음식을 일정한 크기로 잘라서 여러 접시에 나눠 담았다. 경상도에선 배추적이라고 부르는 배추전을 접시 아래에 깔고 얇게 썬 조기와 고등어, 돼지고기와 소고기도 한 점씩, 얇게 썬 배와 사과도 한 조각씩, 인절미떡도 한 조각 얹었다. 그리고 우리 형제들은 앞집과 옆집 등 우리 집 가까이에 있는 이웃집들을 돌며 접시에 담긴 음식을 나눴다.

"아이고, 음식을 많이도 했네. 어젯밤 늦게까지 너희 집에 불이 환하더니 제사를 지냈구나."

이웃집 아주머니가 접시를 받으며 반겨주셨다. 그리고 얼른 음식을 다른 접시에 옮겨 담고, 우리 집 접시를 돌려주었다. 제사가 아니면 특별한 음식을 먹지 못했던 그 시절에는 어느 집이라도 제사를 지내면 이렇게 가까이 사는 이웃들에게 제사음식을 나눴다. 아이들이 골목길에서 모여서 놀면 시끄럽다고 소리를 고래고래 질러대서 고약하기로 소문난 할배도 제사음식 접시를 들고 찾아가면 평소에는 볼 수 없는 환한 표정을 지었다.

우리 집은 제사를 많이 지내는 큰집이다. 설과 추석의 차례뿐 아니라 일 년에 십여 차례 조상님들의 제사를 지냈다. 어느 겨울날에는 어제 제사를 지내고 하루건너 내일 또 제사를 지내기도 했다. 음식을 준비하는 어른들은 힘들었지만 어릴 적엔 평소에 먹지 못하는 맛있는 음식을 먹을 수 있어서 제삿날이 좋았다.

경북 북부의 우리 마을에서는 조기와 고등어를 겉만 슬쩍 굽고 속은 익히지 않은 상태로 제사상에 올린다. 그리고 제사를 마치고 식사를 할 때 그 생선을 다시 굽거나 찌개를 끓일 때 넣기도 한다. 제사는 정성이라서 제수용 생선은 어물전에서도 제일 크고 싱싱한 것을 골랐다.

그중 조기는 대가리 부위가 큰 편이라 살만 골라서 먹고 버리기엔 아까웠던 모양이다. 제사를 지내고 나면 엄마는 큼지막

한 조기대가리 두어 개를 도마에 얹어서 안방으로 들여보냈다. 그럼 아버지는 미리 잘 갈아둔 칼로 조기대가리를 잘게 다지기 시작했다. 조기대가리에는 '이석'이라는 하얀 돌이 들어 있는데 이것은 몸의 방향과 평형을 유지시키는 역할을 한다. 아버지는 큰 부엌칼로 이석과 비늘을 제거한 뒤 주둥이와 아가미, 뼈 등을 하나씩 하나씩 다졌다. 칼등과 칼날을 이용하여 모든 부위를 아주 잘게 다져서 부드럽게 만들었다. 생선을 다지는 그 도마 소리는 리듬이 있었다. 엄마가 다듬잇돌에 흰 천을 얹어서 다듬이질을 하던 그 리듬과도 비슷했다.

이렇게 아버지가 잘 다져 부드러운 상태가 된 조기대가리를 부엌으로 가져가면 엄마는 무를 가늘게 썰어서 듬뿍 넣고 고춧가루와 마늘, 참기름 등을 넣고 조물조물 묻혀서 반찬을 만들었다. 시원한 무와 비릿한 생선으로 만든 이 요리는 무채 요리에 젓갈을 넣은 것과 비슷한 맛을 냈다. 따뜻한 밥과 함께 먹으면 입맛 돋는 별미였다. 먹을거리가 귀했던 그 시절엔 이렇게 조기대가리마저 그냥 버리지 않고 알뜰하게 음식으로 만들어 먹었다.

아버지는 오래전 돌아가셨고 어느덧 엄마는 나이가 들어서 제사를 거의 줄였다. 엄마는 제사를 지내고 남은 음식을 먹으라고 보내주곤 했다. 각종 나물과 부침개, 그리고 시장에선 비싸서 차마 지갑을 열 수 없었던 큼지막한 조기와 고등어가 들어 있다. 세월이 흘러 제사상에 오르는 과일 종류는 몇 가지 달라져도 생선만은 달라지지 않았다. 조기를 볼 때마다 그 시절 알뜰하게 먹었던 조기대가리 요리가 생각난다.

덤스터 다이빙(Dumpster Diving)이라는 말을 들어본 적 있는가? 말 그대로 대형 쓰레기통으로 뛰어든다는 이것은 영업이 끝난 대형마트의 쓰레기통을 뒤지는 행위를 말한다. 쓰레기통을 뒤지는 사람들은 거리를 청소하는 환경미화원이나 노숙자가 아니다. 그들은 평범한 시민들이다. 쓰레기통에 버려진 것도 냄새나는 음식물 쓰레기가 아니라 채소와 과일, 가공식품 등 잘 포장된 상품들이다.

대형마트에서는 많은 양의 상품을 가득 진열했다가 판매되지 않고 유통기한이 임박한 제품들은 대형 쓰레기통에 버린다. 못생기거나 약간의 흠집이 생긴 야채와 과일 등 상품가치가 없어 소비자들이 사지 않는 상품도 과감하게 폐기한다. 오랜 기간 팔리지 않은 공산품도 가차 없이 버려진다. 이런 제품들은 유통기한이 지났을 뿐 여전히 먹을 수 있다. 판매 기간이 종료되었을 뿐 상한 것은 아니라는 것이다.

이렇게 버려지는 음식의 양은 너무나 많다. 그러나 대형마트에서는 판매할 수 없는 제품을 미련 없이 버린다. 여러 계절 동안 채소와 과일을 키운 농부의 노력과 식품 가공 공장에서 식재료를 다듬어 조리하고 포장한 노동자의 노력은 중요하지 않고, 돈으로 바꿀 수 없는 것은 그냥 쓰레기가 된다. 이들에게 쓰레기가 늘어나는 건 그다지 중요하지 않다.

미국과 호주, 유럽 등에서 덤스터 다이빙을 즐기는 사람들은 공짜로 먹을거리를 얻는 재미도 있지만 이런 식품 유통에 대해 문제 제기를 하기 위해 기꺼이 쓰레기통으로 뛰어든다. 이들은 대형 쓰레기통에서 먹을 수 있는 멀쩡한 식재료를 골라서 요리해 먹고 이런 글과 영상을 공유하면서 음식을 대량으로 만들어서 쉽게 버리는 사회에 강한 메시지를 던졌다.

덤스터 다이빙은 불법이라 대개 가게가 영업을 마친 심야시간에 이루어진다. 대형마트들은 이런 사람들이 당연히 반가울 리가 없고, 미국에서는 덤스터 다이빙을 하다가 경찰에게 체포되어 유치장 신세를 지는 일도 있었다고 한다. 덤스터 다이빙이 권장할 일은 아니지만 여전히 먹을 수 있는 식품이 쓰레기가 되어버리는 문제를 알리는 일이자, 무분별하게 과잉 생산하고 소비하는 현실을 경고하는 운동이기도 하다.

식품에는 유통기한과 소비기한이 있다. 유통기한은 제조일로부터 유통과 판매가 허용된 기간, 즉 식품을 팔아도 되는 기간을 말하고, 소비기한은 식품에 표시된 보관 방법을 잘 지키면 먹을 수 있는 기간을 말한다. 우리나라는 2024년 1월부터 '소비기한 표시 제도'를 시행하고 있다. 소비기한은 유통기한

보다 20~50퍼센트 길어지는데, 생산자의 관점에서 소비자 관점으로 표기가 달라진 것이다.

유통기한은 조금 지나도 품질에 문제가 없지만 소비자들은 이 기간이 지나면 상한 음식이라고 생각한다. 그래서 그냥 버리는 경우가 많아지고 음식물 쓰레기도 늘어나기 마련이다. 또 식품을 판매하는 매장에서는 별도의 판매대를 만들어서 유통기한이 가까운 채소와 과일 등에 할인된 가격표를 붙이지만 대체로 잘 판매가 되지 않는다고 한다.

최근에는 못생긴 채소와 과일을 판매하는 사이트도 생겨났다. 채소와 과일은 싱싱하고 모양이 매끈하고 빛깔이 좋은 것이 상품으로 대접받는다. 하지만 같은 밭과 과수원에서 수확한 것이라도 모양이 울퉁불퉁하거나 약간의 흠이 있고 빛깔이 선명하지는 않지만 충분히 먹을 수 있는 채소와 과일들이 있다. 한 나무에서 자란 과일이라도 크기와 맛이 제각각이고 벌레 먹은 것, 상처 난 것, 새가 쪼아 먹은 흔적이 있는 것까지 다양하다. 그러나 소비자의 선택을 받지 못한 것은 모두 쓰레기가 될 뿐이다. 과연 그냥 버려야 할까?

같이 식사를 하다 보면 음식을 남기는 사람들이 꽤 있다. 다이어트 중이라거나 탄수화물을 줄이기 위해 밥의 양을 줄이고 있다고 한다. 그럴 거면 주문할 때부터 음식의 양을 줄여달라는 요청을 하면 아까운 음식을 버리지 않을 수 있다. 어떤 이는 작은 반찬통을 챙겨 다니면서 남은 음식을 포장해 가기도 했다.

나는 평소에 저염식을 즐겨 먹는다. 소금 간을 한 듯 안 한 듯 아주 심심하게 요리를 해서 먹는데, 이렇게 하면 강한 양념의 맛보다는 식재료 본연의 맛을 즐길 수 있다. 또 맛이 강하지 않으니 남은 음식을 볶음밥이나 찌개 등 다른 요리에 활용해서 깔끔하게 다 먹을 수 있다.

농사일을 해보면 음식을 남기거나 함부로 버리지 않게 된다. 참깨 한 톨, 콩 한 톨을 얻기 위해 허리가 아프고 다리가 저리도록 밭일을 해야 한다. 오늘 내가 먹는 이 음식도 누군가의 땀과 많은 정성이 담겨 있다. 하늘과 땅, 사람이 함께 가꾼 음식을 귀하게 먹자.

어릴 적 먹었던 조기대가리 무침과 비슷한 느낌으로 만들어봤다.
당연히 그때 그 맛은 나지 않는다. 제수용 조기도 이것보다 훨씬 컸다.

5장         **뚜벅뚜벅, 나의 삶**

# 새로운 것에 눈뜨는
## 걷기여행

　한낮의 햇볕이 뜨겁다. 얼굴이 훅훅 달아오르고 걸음을 내디딜 때마다 굵은 땀이 뚝뚝 떨어졌다. 목이 마르고 어깨를 누르는 배낭도 점점 무겁게 느껴진다. 오르막길이 시작되자 누군가 뒤에서 잡아당기는 것처럼 힘겹고 다리는 천근만근 무겁다. 무엇보다도 발바닥의 통증이 계속되었다. 등산화의 문제일까, 발을 내딛는 걸음걸이의 문제일까? 물집이 생기는 증상은 아닌 것 같다. 물집이 생길 때는 피부가 말랑말랑해지면서 쓰라리고 아픈데 그 증상과는 다른 통증이다. 걷는 내내 온 신경이 발바닥에 집중되었다.

　나는 왜 걷는가? 무엇을 위해 이렇게 열심히 걷고 있는 걸까? 이런 생각에 몰입하다가 무심코 고개를 들어 풍경을 바라보니 "와우!" 감탄사가 절로 터져 나왔다. 파랑 물감을 확 쏟아놓은 듯 푸른 바다와 해안가를 감싸고 있는 난대림 숲, 바닷가에 낮게 자리 잡은 마을이 정말 아름답고 포근하게 다가왔다. 걷기여행이 아니었다면 만날 수 없는 풍경이다. 여기는 관광지가 아니니까.

이 순간을 놓칠세라 카메라 셔터를 열심히 눌렀다. 잠깐 서서 촬영한 것 같은데 우리 일행들과 거리가 멀어져버렸다. 헐레벌떡 뒤쫓아 가려니 숨이 차다. 물도 마시고 아픈 다리도 주무를 겸 나무그늘에서 쉬었다 가면 좋겠는데 우리 일행들은 너무 잘 걷는다. 벌써 저 앞에서 한참 거리를 벌리며 빠르게 걸어가고 있는 뒷모습을 보니 무념무상 상태인 것 같다. 서로 웃고 떠들던 대화마저 끊어지고 오직 걷는 일에만 집중하면 이런 무념무상 상태를 경험하게 된다. 걷기여행 초반에는 열심히 걸으려고 애쓰지만 며칠이 지나면 다리가 알아서 걷는 경지에 이르게 된다. 일상에서 여러 가지 고민거리를 안고 여행길에 나서지만 걷는 것에만 몰입하다 보면 내가 무엇을 고민하고 있었는지조차 잊어버리게 된다.

평소에 나는 소심하고 걱정과 두려움이 많은 사람이라 생각했더라도 걷기여행에 나서면 새로운 나를 발견하게 된다. 지도를 보면서 자신이 걸어온 거리를 돌아보고 앞으로 걸어가야 할 일을 가늠해보면서 이 먼 거리를 오직 두 발로 뚜벅뚜벅 걸어 온 내가 얼마나 강한 사람인지 비로소 깨닫게 된다. 세상일에 대한 두려움도 점점 사라지는 것 같다.

몇 해 전부터 짬이 날 때마다 걷기여행을 하고 있다. 푸른 물결 넘실대는 남해 바닷가를 걸었던 남해바래길, 섬 전체를 온전히 걸었던 완도와 해남, 안개 속을 부지런히 걸었던 진도, 끝없는 모래사장과 광활한 염전이 인상 깊었던 증도와 무안, 절정의 벚꽃 특집을 즐겼던 근대도시 군산과 드넓은 갯벌이 펼쳐지는 서천, 그리고 제주도 한라산 둘레길과 올레길까지 뚜벅뚜벅 걸었다.

지구여행학교라는 여행사를 운영하는 친구가 여행 일정을 공지하면 걷기를 좋아하는 사람들이 몇몇 모여서 5박6일, 또는 6박7일을 함께 걸었다. 지역의 숙소를 이용하고 걷다가 만나는 식당에서 식사를 하고 식당 없는 곳에서는 직접 밥을 지어 먹기도 한다. 그 지역에서 환경운동하는 분과 동행하면서 철새와 산호, 제주도의 지질 등에 대한 전문 해설과 강의를 듣기도 했다. 무념무상 걷기에 몰두하는 것도 좋지만 전문가의 설명을 들으면 이 지역과 장소가 전혀 다르게 보인다. 무심코 봤을 때는 보이지 않던 것들이 속속 눈에 들어오는 신기한 경험을 하게 된다. 그래서 사람은 끝없이 배우고 익혀야 하는 모양이다.

"와아, 저어새다."

군산 시내를 지나 부지런히 걷다 보니 어느새 금강이 이어지고 금강 하굿둑이 보이기 시작했다. 금강 하구에는 양쪽으로 넓은 갯벌이 시원하게 펼쳐졌다. 갯벌에는 여러 종류의 물새들이 열심히 먹이를 찾고 있는데, 독특한 행동을 하는 하얀 새가 눈에 띄었다. 얼른 배낭에서 쌍안경을 꺼냈다. 주걱처럼 생긴 부리를 휘휘 저으면서 먹이를 찾는다고 해서 이름 붙여진 바로 그 저어새였다. 철새 보호 지역에서 새 전문가의 안내를 따라서 탐조 망원경으로 저어새를 관찰한 적은 있지만 이렇게 가까이에서 맨눈으로 관찰할 수 있다니…. 저어새 네 마리가 부리를 열심히 휘저으며 먹이를 찾고 있는 모습을 보니 가슴이 두근거리기 시작했다.

저어새뿐 아니라 다양한 새들이 갯벌에서 먹이 활동을 하고 있었다. 백로와 괭이갈매기, 흰뺨검둥오리, 흰색과 검은색, 갈색 깃털이 독특한 혹부리오리, 날렵한 부리를 가진 마도요도 눈에 띄었다. 빛깔이 곱고 늘씬한 뒷모습을 자랑하는 저 새는 뭘까 하고 찾아보니 왜가리였다. 왜가리의 자태가 이렇게 황홀한 줄이야. 갯벌의 주인인 귀여운 짱뚱어와 칠게도 곳곳에서 일광욕을 즐기고 있다. 이 외에도 다양한 빛깔을 가진 새들이 날아오르고 다시 갯벌에 내려앉기를 반복했다. 새들이 움직이는 걸 바라보는 것만으로 마음의 평화가 찾아왔다. 마음 같아선 이곳에 주저앉아 하루 종일 새들을 관찰하고 싶다.

걷기여행에서 배낭을 메고 걷다 보면 어깨가 점점 무거워지면서 힘이 든다. 그래서 꼭 필요한 것만 챙기게 되고 쓸데없이 담아 온 것은 무엇인지를 늘 생각하게 된다. 여행길에는 짐이 가벼운 것이 최고지만 이번 여행에서 쌍안경을 챙긴 건 정말 탁월한 선택이었다. 새 도감을 챙기지 않은 건 좀 아쉽다.

제주도 올레길을 걷던 어느 날에는 일행들과 고래 이야기를 하고 있는데, 물결이 일렁이면서 뭔가가 솟구쳤다. 와우, 제주남방돌고래였다. 제주도 연안을 따라 이동하면서 사는 제주남방돌고래를 가까이에서 보다니…. 짙은 안개가 끼어 있는 흐린 날에 돌고래를 만나는 행운이라니…. 아주 잠깐의 만남이지만 우리 모두 흥분하지 않을 수 없었다.

자동차로 달리면 휙휙 풍경이 빠르게 지나쳐버리지만 두 발로 차근차근 걸으면 가까이에서 자세히 보게 된다. 평소엔 무심코 지나쳤던 야생화와 열매가 잘 익어가는 농작물, 동물의 똥과 발자국, 나비와 애벌레 같은 자연의 친구들에 대한 호기심과 궁금증이 생긴다. 또 그 지역의 숲과 바다, 해안림, 해수욕장, 논밭, 건축물, 지명 등에도 관심이 생기면서 시야가 점점 넓어지는 경험을 하게 된다. 길을 잃지 않도록 곳곳에 설치한 표지판과 이정표를 확인하면서 방향감각을 익히게 되고, 지도를 계속 보면서 자연스레 거리감각도 생기게 된다. 우리나라

땅이 이렇게 넓고 볼거리가 많다는 것, 그리고 지금 걷고 있는
이곳에 대한 관심과 애정도 슬그머니 솟아난다. 언젠가 꼭 다
시 오고 싶어….

아름다운 풍경을 즐기는 동안 고민거리도 생겨났다. 멀리
서 보면 해수욕장에는 깨끗하고 고운 모래가 가득하지만 가까
이 가보면 크고 작은 쓰레기들이 섞여 있다. 온갖 생활 쓰레기
와 낡은 어업 도구들이 띠를 이루고 있고, 돌고래 같은 죽은 짐
승의 사체에는 역한 냄새가 풍겼다. 어느 어촌마을에서는 해안
을 지나 마을 뒤편 산길로 접어들자 깜짝 놀랄 만큼 많은 쓰레
기가 나타났다. 생활 쓰레기뿐 아니라 부표와 그물 같은 어구,
풍어제에 사용한 알록달록한 대나무 깃발들, 심지어 낡은 배
까지도 버려져 있는 거대한 쓰레기장이었다. 한눈에 봐도 오랜
세월 마을 사람들이 쓰레기장으로 이용했다는 것을 알 수 있었
다. 이 많은 쓰레기는 마을 주민들이 해결할 수 없고 행정기관
의 지원과 자원봉사자들의 힘을 모아야 하지 않을까?

우리 일행 중에 어촌마을을 연구하는 전문가가 있었는데,
그분의 설명으로는 서해안 바닷가에 이런 쓰레기장이 한두 곳
이 아니라고 했다. 정부와 지자체에서 사업 계획을 세우고 적
극 지원해야 해결할 수 있을 거라고 했다.

안타까운 세월호 사고 때 뉴스의 중심지였던 진도 팽목항에

는 세월호 희생자를 추모하는 노란 리본 물결이 가득했다. 시민들이 운영하는 추모관에 들러서 여러 해 동안 이곳을 지키고 있는 자원봉사자의 이야기도 들었다. 언론에서 수없이 보았던 곳이지만 차마 올 수 없었던 곳, 해안가를 천천히 걸으면서 팽목항이 멀어질 때까지 바라보고 또 바라보았다.

농촌마을과 어촌마을을 걷다 보면 농산물을 수확하는 모습도 지켜볼 수 있다. 진도의 봄은 대파 수확철이다. 진도 대파를 수확해야 전국의 국밥집이 운영된다는 말이 있을 정도로 가도 가도 대파밭이 이어졌다. 대파를 수확하는 밭에서는 알싸한 대파향이 풍겼다. 그런데 밭에서 일하는 젊은이는 대부분 외국인 노동자였다.

가을 무안에는 양배추 수확이 한창이었다. 양배추밭은 끝없이 이어지고 가끔 김장배추밭이 보였다. 세상 모든 양배추가 여기에 있었구나. 그 옆의 비닐하우스에선 작업자들이 당근을 한창 캐고 있는데, 이들 역시 외국인 노동자들이었다. 젊은이들이 떠나간 농촌의 현실을 볼 수 있었다. 양배추밭 근처에는 물웅덩이가 곳곳에 보였다. 전남 해안과 섬 지역에 봄 가뭄이 몇 해째 극심하다는 뉴스를 본 적 있는데, 농작물에 물을 주려고 웅덩이를 만든 모양이다. 나는 그저 열심히 걸으러 온 여행자이지만 지역 문제에 대해 점점 더 생각이 많아졌다.

걷기여행 때마다 뭔가 한 가지에 몰두하게 된다. 가을 증도에서는 잘 익은 씨앗들이 눈에 들어왔다. 야생화 씨앗, 나무 씨 앗 등 다양한 씨앗들을 모으느라 온통 정신이 팔렸다. 그런데 문제는 나에게는 이 씨앗을 심고 키울 땅이 없다는 사실! 그래 도 동글동글 작은 씨앗을 모으는 재미를 놓칠 수 없다. 제주도 에서는 난대림 잎사귀에 반했다. 반질반질 윤이 나는 난대림 잎사귀는 육지에서 흔히 보는 것과는 달라서 호기심이 생겼다.

후박나무, 참식나무, 예덕나무, 누리장나무, 보리밥나무, 다 정큼나무, 구실잣밤나무, 종가시나무…. 앞선 제주여행 때 제 주도 토박이분들에게 해설을 여러 번 들었지만 이름도 낯설고 잎사귀 모양도 비슷해서 좀처럼 구별할 수가 없었다. 이번 여 행에서는 바닥에 떨어졌거나 막 가지치기를 해서 버려진 잎사 귀를 주워서 숙소로 돌아와 제주 사람 이성권 님이 쓴《이야기 로 만나는 제주의 나무》를 찾아보았다. 단번에 찾을 수 있는 것 도 있고 좀 헷갈리는 것도 있지만 이 과정이 다 재밌다. 언젠가 난대림 공부를 제대로 해보고 싶다.

오로지 두 발로 열심히 걷는 걷기여행은 체력을 키우고 지 구력과 인내심을 키우기에도 좋고, 사계절 자연을 온몸으로 느 끼기에도 좋다. 흙이 부드러운 구간에서는 신발을 벗고 맨발로 걸으면서 땅의 기운을 오롯이 느껴보기도 한다. 그곳에서 나는 음식을 먹고 주민들이 운영하는 숙소에서 머물면서 지역을 이 해하는 기회이고, 최소한의 짐만으로 가볍게 살아보는 색다른 경험이기도 하다.

걷기여행을 온 첫날엔 여행자들과 어색하고 서먹해도 하루 하루가 지날수록 마음을 열면서 친해지고, 서로 배려하고 공동의 짐을 챙기는 등 협동심이 생기면서 점점 한 팀이 되어간다. 다음에는 또 어떤 사람들과 만나게 될까 궁금해진다. 뚜벅뚜벅 오롯이 두 발로 걸으면서 깊이 생각하고 몰입해보는 특별한 경험, 좋은 계절에 천천히 즐기는 걷기여행을 권한다.

파랑 물감을 쏟은 바다와 짙푸른 숲, 아담한 마을, 화창한 날씨까지
완벽한 날이었다. 이 평화로운 남해 풍경을 계속 바라보았다.

금강하굿둑 드넓은 갯벌에서 먹이 활동을 하고 있는 저어새를 만났다.
이렇게 가까이에서 볼 수 있다니….

진도는 어딜 가나 알싸한 대파밭이다.
진도 대파를 수확해야 전국의 국밥집이 운영된다더니 그 말이 맞는 것 같다.

갈림길에선 표지판이나 이정표를 잘 봐야 길을 잃지 않는다.

# 지방에서 자동차 없이
## 사는 법

　이것은 마치 정교한 퍼즐을 맞추는 것과 같다. 아득한 안갯속을 걷거나 복잡한 미로를 헤쳐 나가는 것 같기도 하고, 사건 현장을 시간대별로 재구성하는 기분이 들기도 한다. 한 치의 오차라도 생기면 낭패하기 십상이기 때문이다.

　서울 생활을 접고 고향 근처로 이사했지만 직업은 달라지지 않아서 여전히 글을 쓰고 전국을 누비며 강의를 하고 있다. 우리 집이 있는 경북 예천에서 담양에 있는 학교에 가려면 직행버스를 타고 동대구버스터미널에서 환승한 뒤 광주행 버스를 타고, 광주터미널에서 다시 담양행 버스를 갈아타야 한다. 우리 집에서 직행버스 정류장까지 걸어가는 시간과 버스 시간,

그리고 환승할 때 버스 시간을 확인해야 한다. 직행버스 시간이 맞지 않으면 안동터미널에 가서 다시 대구행 버스를 타야 할 경우도 있고, 대구와 광주 같은 대도시는 출퇴근 시간이면 교통체증이 심하기 때문에 환승 시간이 너무 빠듯하면 버스를 놓칠 수도 있다.

두세 시간 장거리행 버스를 타기 전에 미리 식사를 하거나 화장실을 다녀오는 시간도 고려해야 하고, 때로는 버스 시간이 맞지 않아서 동대구버스터미널에서 대구서부정류장까지 이동해야 할 경우도 있다. 우여곡절 끝에 광주에 도착하더라도 담양행 버스 시간과 담양에서 학교까지 걸어서 이동 가능한지, 택시를 타야 하는지도 생각해야 한다.

그러나 이 정도는 약과다. 강의가 사나흘 동안 이어지는 경우도 있다. 강원도 인제에서 강의를 하고 다음 날은 양구, 그리고 서울에서 강의를 한 경우도 있다. 전북 익산의 중학교에서 강의를 하고, 다음 날은 대전의 초등학교에서 강의한 뒤 오후엔 평택에서 시민들을 만나고, 그 이튿날엔 수원의 중학교에서 강의를 한 적도 있다. 이렇게 이동거리가 길고 복잡할 땐 버스 시간 계산이 훨씬 복잡해진다. 버스나 기차로 장거리를 이동해서 제시간에 도착할 수 있는지, 하루 전에 미리 출발해야 하는지, 숙소는 어떻게 할 것인지도 중요하고, 숙박을 하게 되면 챙겨야 할 준비물도 늘어난다.

폭풍 검색 끝에 버스와 기차 시간이 딱딱 들어맞아서 쉽게 이동할 수 있는 방법을 찾게 되면 마치 정교한 퍼즐을 맞추거나 매우 어려운 수학문제를 푼 것 같은 쾌감이 있다. 지방으로 이사를 준비하면서 여러 가지 고민이 있었지만 그중 가장 중요하게 생각한 것은 교통편이었다. 자가용 없이 뚜벅이로 살고 있으니 대중교통이 편리한 곳을 우선으로 생각할 수밖에 없다.

환경에 대한 관심이 높아지면서 환경강의 요청이 꽤 늘었다. 전국에는 수많은 저자가 있고 새 책도 쏟아지고 있는데 우리 책을 열심히 읽고 강의 요청까지 하는 그 마음이 정말 고맙다. 웬만하면 독자들을 만나러 가고 싶은데 이때 가장 먼저 고려해야 할 것은 교통편이다. 강의 요청을 받으면 일단 교통편을 검색해보고 대중교통으로 갈 수 있는지를 확인한 뒤에 다시 연락을 한다. 그래야 실수하지 않으니까….

몇 년 전 귀향을 결정한 후 가까운 사람들에게 이사 소식을 전했을 때 가장 많이 들은 얘기는 자가용을 사라는 권유였다. 작은 자동차라도 타고 다녀야 지방 생활이 수월하다는 것이다. 수도권에서는 대중교통 생활도 괜찮지만 지방에서는 너무 불편하다는 것이다. 대중교통으로 전국을 누비고 다니는데 내가 그걸 모를 리가 있겠나. 그들의 걱정도 모르는 게 아니다. 뉴스에서는 지방 터미널이 적자 누적으로 문을 닫기로 했다는 소식이 들려오고, 어르신들만 남은 농촌에는 버스 노선도 점점 사라지고 있으니 말이다.

나는 운전면허가 없다. 예전에는 자동차가 꼭 필요한 직업이 아닐 뿐 아니라 자동차를 살 여유가 없었고, 지금은 탄소 배출을 하지 않는 무해한 인간이 되고 싶다. 기후위기에 대한 글을 쓰고 강의를 하면서 탄소 배출을 많이 하는 이중적인 인간이 되고 싶진 않다.

내가 이사한 곳은 교통편이 좋은 신도시이다. 시내버스가 자주 다니고 시외버스도 드문드문 있고 시내버스로 30분가량 거리에 KTX역도 있다. 버스정류장엔 버스 도착 시간을 알리는 안내도 잘 되어 있다. 인구가 적으니 시내버스를 타면 거의 앉아서 갈 수 있다. 출퇴근 시간 잠깐을 제외하면 버스 안이 붐비지 않아서 좋다. 버스나 지하철을 타러 긴 계단을 헉헉거리며 오르내리지 않아도 되고, 벼들이 자라는 들판 풍경을 감상하면서 유유자적 여유를 즐길 수도 있다. 이곳에서 전국 곳곳으로 이동하려면 대구나 대전, 원주 같은 교통 거점도시에서 환승하는 경우가 많다. 그래서 이런 도시의 교통 정책이나 터미널 이전 소식, 새로운 대중교통 개통 뉴스에 귀가 쫑긋해진다.

물론 불편한 점도 있다. 의외로 여기에서 가까운 편인 문경이나 영주, 울진 같은 곳을 가는 버스편이 매우 드물다. 젊은이들은 대개 자가용이 있고 어르신들은 이동이 많지 않으니 예전에 운행하던 직행버스 노선이 점점 사라진 것이다. 가까운 거리인데도 버스를 한참 기다려야 하거나 택시를 이용해야 할 경우도 있다. 버스를 기다리다 지치고 속에서 불이 날 때도 있지만 화를 낸다고 해결되는 게 없으니 이것도 여행이라고 생각하기로 했다. 생각하기 나름이니까.

자가용은 편리함의 상징이다. 내가 원하는 어디든 이동할 수 있고 사람을 태울 수도 있고 무거운 짐을 옮기기에도 편리하다. 캠핑 장비 몇 가지 챙기면 풍경 좋은 곳에서 '차박'도 가능하다. 자가용 운전자의 얘기를 들어보면 자동차는 단순한 이동수단을 넘어 나만의 아늑한 독점 공간이라 어떨 땐 집보다도 더 편안하고 좋다고 한다.

그러나 자동차의 단점도 많다. 연료비와 주차비, 수리비, 보험료 등 각종 비용 부담이 크다. 주차장을 소유하지 않았다면 날마다 이웃과 주차 전쟁을 벌여야 할 수도 있다. 가벼운 접촉 사고라도 난다면 부담해야 할 비용이 늘어난다. 무엇보다도 소음과 매연, 미세먼지, 휘발유와 천연가스를 연료로 쓰면서 이산화탄소 배출이 늘어나 기후위기에 직접적인 영향을 미치게 된다.

최근에 전기 자동차가 친환경 자가용으로 주목받고 있지만 전기 발전 역시 화석연료가 많은 비중을 차지하고 있기 때문에 완전한 친환경이라고 할 순 없다. 그러자 태양광 자동차를 개발하는 회사도 등장했다. 햇빛이 비추는 곳에 주차해두면 자동차의 지붕이나 보닛에 부착된 태양광 패널에서 전기를 만들어서 자동 충전이 된다. 화석연료를 사용하지 않으니 이산화탄소나 미세먼지 등을 배출하지 않고 연료 걱정도 없다. 이런 태양광 자동차가 상용화된다면 그땐 나도 자가용 운전자가 되어볼까 싶기도 하다.

나는 상상하는 걸 좋아한다. 현실에선 일어날 수 없는 엉뚱한 상상을 즐긴다. 이런 자유로운 생각이 글을 쓰는 힘이 되니까. 버스나 기차를 타고 창밖을 바라보면 상상의 세계가 훨씬 자유롭고 넓어진다. 책상 앞에선 글이 풀리지 않다가도 버스나 기차 안에서 반짝 아이디어가 떠오른다. 움직이는 풍경이 뭔가 뇌에 자극을 준 게 아닐까? 대중교통을 이용하면 책을 읽을 수 있고 잠을 잘 수도 있다. 그리고 버스와 기차는 차체가 커서 자가용보다 훨씬 안정감이 있고, KTX는 흔들림이 적어서 장거리를 이동해도 피곤함이 덜하다. 무엇보다도 대중교통은 교통비가 싸다. 여럿이 함께 타니까. 이처럼 대중교통의 장점도 많다.

몇 해 전 충남 태안에서 강의를 마치고 어둑해질 무렵 시내버스를 탔다. 버스에 오르자 어떤 이가 반갑게 인사를 했다. '모르는 얼굴인데 왜 인사를 하지? 사람을 잘못 봤나 봐.' 실수로 인사했다고 생각하고 서둘러 빈자리에 앉았다. 그런데 그

중년의 여성은 빈자리에 앉지 않고 뒷문 앞에 서 있어서 자꾸만 눈길이 갔다. 그뿐 아니라 버스를 오르내리는 분들을 돕거나 짐을 옮겨주기도 했고, 큰 소리로 정류장 이름을 외치면서 승객들이 미리 알 수 있게 안내했다.

확실히 일반 승객은 아니라는 생각이 들어서 물었더니 버스 안내원이라고 했다. 1980년대까지 버스 안내원이 요금을 받고 승객들의 승하차를 돕는 일을 했는데 이제는 사라진 직업이 되었다. 태안에서는 승객들이 많은 노선 몇 곳에 버스 안내원이 근무하며 승객들의 승하차를 돕는다고 했다. 행선지를 안내해주는 분이 있으니 길이 헷갈리거나 불안하지 않고 직접 물어볼 수도 있어서 좋았다. 특히 초행길 관광객들이 좋아하고 어르신들도 짐을 들어주면 고마워한다고 했다.

얘기를 듣고 보니 앞으로 대중교통이 더 다양하고 편리하게 변할 수 있겠구나 하는 생각이 들었다. 이처럼 대중교통이 편리해지면 모두가 자가용을 소유할 필요는 없다. 대중교통으로 전국 어디든 편하고 안전하게 이동할 수 있는 이동권이 보장되고, 지역의 상황에 맞는 다양한 교통 정책이 만들어져서 나 같은 뚜벅이들에게 더 편리한 세상이 왔으면 좋겠다.

# 환경강의,
# 재밌고 희망적이어야 해

강의실의 문을 열고 들어가 공간 전체를 휘둘러본다. 여기가 오늘 독자들을 만날 장소구나. 계단식으로 된 강의 장소가 참 좋다. 강사가 서야 할 자리에서 우선 벽시계의 위치부터 확인했다. 강의 시간을 맞추는 게 중요하니까. 그리고 수강생들이 지루함을 느끼지 않게 질의응답 시간과 쉬는 시간도 고려해야 하니까. 컴퓨터에 강의 자료를 옮기고 빔 프로젝터가 잘 켜지는지 마이크와 포인터도 잘 작동하는지 확인했다. 강의 장소에 30분~1시간 미리 도착해서 이 공간의 분위기에 익숙해지는 시간이 필요하다. 시간에 늦어서 헐레벌떡 도착해서 낯선 공간에 서면 생각이 정리되지 않은 채 허둥지둥하게 되니까.

강의 시간이 다가오자 학생들이 하나둘 입장했다. 강의실은 금세 와글와글 학생들로 북적였다. 몇몇 아이들은 "작가님 반가워요!"라며 다가와 인사인지 비명인지 헷갈릴 정도의 큰 소리로 인사를 했다. 귀엽다. 아마도 미리 책을 읽어서 나에게 친근함을 느끼는 모양이다. 성격이 활발한 아이들도 있고 수줍어하는 아이들도 있다. 아이들은 저마다 손에 내 책을 한 권씩 들고 입장했다. 아니, 이런 감동의 물결이라니…. 담임선생님들은 반별로 학생들이 앉을 수 있게 안내하고, 이 행사의 사회를 맡은 학생이 오늘 강의에 대한 설명을 하고 강사 소개를 했다.

나는 사회자의 안내에 따라 단상에 올랐다. 초보 강사였을 때는 이 순간이 가장 가슴이 쿵쾅거리고 머릿속이 하얘지는 현상이 종종 있었지만 수많은 강의를 진행하면서 떨림은 가라앉고 차분해졌다. 마음의 여유가 생겨서 편안해졌다. 어떤 일이든 처음은 힘들지만 같은 일을 반복하면 익숙해지니까.

강의실을 한번 둘러보고 숨을 크게 들이마신 뒤 마이크를 잡고 활기차게 인사를 했다. 학생들이 박수를 치고 환호성을 지르면서 강의에 대한 기대감을 높였다. 오늘은 출발이 좋다. 부디 이 분위기가 강의 마지막까지 이어지기를…. 활기찬 목소리로 내 소개와 함께 오늘 강의 순서에 대한 설명을 시작했다. 그리고 빔 프로젝터를 통해서 무대 화면을 가득 채운 강의 자료를 하나씩 넘기면서 설명을 이어갔다.

봄과 함께 다시 강의의 계절이 시작되었다. 새 학기가 시작되면 학교에선 '작가와의 만남' 같은 행사를 준비하고, 전국의 다양한 도서관에서도 북토크, 북콘서트 같은 작가와 함께하는 행사를 마련한다. 환경에 관심이 높은 시민단체와 각종 모임에서도 저자 초청 강의를 열고, 환경교육의 중요성을 강조하는 교육청이나 공무원 연수원 같은 교육기관에서도 다양한 환경교육 프로그램을 열고 있다. 환경책을 출간하면 자연스레 환경 행사나 교육 프로그램에 참여하는 기회를 얻을 수 있다.

아무리 생각해도 나는 운이 좋았다. 2004년 첫 책《도시에서 생태적으로 사는 법》을 냈다. 환경단체인 녹색연합 활동가 시절이었는데, 당시 열풍이 불었던 웰빙 문화와 내 책이 연관되어 여성잡지 인터뷰를 여러 번 했다. 생활에서 실천하는 친환경 이야기를 담은 책의 내용이 여성잡지의 주제와 잘 맞았던 모양이었다. 인터뷰 장소는 우리 사무실의 작은 마당이었는데, 취재 기자와 큰 카메라를 멘 사진작가, 은색 반사판을 든 스태프까지 여러 명이 찾아와 요란한 인터뷰를 진행했다. 우리 단체의 활동가들은 '무슨 일이냐'며 어리둥절하고도 신기해했다. 아주 어색하고 쑥스러웠다.

그 후 우리 단체와 친분이 있었던 여성단체에서 책을 읽었다면서 처음으로 강의 요청을 했다. 아니, 내 인생에 무슨 강의란 말인가? 이런 부담스러운 일이라니…. 내 이름으로 책을 내는 것도 신기한 경험이지만 청중들 앞에서 강의를 하는 모습은 한 번도 생각지 못했다. 학생 때 막연한 장래희망으로도 생각해본 적 없었다. 그러나 흔치 않은 기회이고 책 홍보를 위해서라면 내키지 않아도 해야 할 것 같았다.

인사말부터 시작해서 강의에서 얘기해야 할 내용을 빼곡하게 정리했다. 주로 책에 담긴 내용이지만 다시 요약정리를 했다. 그날 수강생은 여성단체 활동가 대여섯 명이나 되었을까, 그렇게 오붓한 첫 강의는 후들후들 떨면서, 내가 무슨 얘기를 했는지 기억하지 못할 정도로 큰 부담감을 안고 마쳤다. 강의가 끝나자 나를 초청해준 그 단체의 대표님이 강의가 좋았고 생각할 거리가 있었다며 칭찬해주셨다. 그러나 나는 어디론가 숨어버리고 싶었고, 내 생애 다시는 이런 부담스런 일은 없을 거라고 다짐했다.

하지만 인생은 생각대로 흘러가지 않는 법! 첫 책을 낸 덕분에 두 번째 책을 쓸 기회를 얻게 되었고, 강의 요청도 드문드문 계속 들어왔다. 어리바리 초짜인 나에게, 환경운동의 경험도 많지 않은 나에게 왜 강의를 요청하는 걸까? 우리 사회는 책의 저자를 너무 과대하게 평가하는 게 아닐까라는 생각이 들기도 했다. 이런 고민을 출판사 담당자에게 하소연하면 늘 이런 대답이 돌아왔다.

"다른 저자들은 책을 출간하고 강의 요청이 들어오질 않아서 고민이에요. 작가님은 정말 배부른 소리 하는 거 아시죠?"

아, 내가 운이 좋은 사람이구나. 어쩔 수 없이 부담스러운 강의 요청을 다시 승낙했다. 도살장에 끌려가는 소의 심정이 이런 것일까? 내 마음이 강력하게 거부할수록 강의 요청은 자꾸 들어왔다. 인생은 왜 내 뜻대로 풀리지 않는단 말인가? 인생이란 참 알 수 없는 것!

20대 후반부터 나의 정체성은 환경단체 활동가였다. 환경단체에서 일하니 전국의 환경현장을 가볼 기회가 많았고, 사진을 찍고 글을 써서 환경문제를 알리는 일을 주로 했다. 현장에서 돌아와 밤을 새워 글을 써서 우리 단체에서 만드는 환경잡지에 실었다. 그런데 우연히 첫 단행본을 출간하면서 두 번째 환경책을 쓸 기회도 얻게 되었고, 나의 정체성은 점점 작가 쪽으로 저울이 기울기 시작했다. 강의 내용도 당연히 환경이 주제였다.

예전에는 환경에 먼저 눈을 뜬 몇몇 사람들이 앞장서서 목소리를 높이는 게 환경운동이라는 인식이 있었다. 그러나 환경문제가 전국 이슈로 떠오르고 시민들의 인식도 높아지면서 환경운동은 우리 모두의 과제라고 생각하기 시작하고 환경교육도 매우 다양해졌다. 학교에선 환경교육이나 생태교육을 수업

하고, 공공도서관이나 공공기관에서 진행하는 환경교육도 늘어났고, 여러 단체에서 진행하는 시민교육 과정 중에도 환경강의가 포함될 정도로 넓어졌다.

지구촌에서 일어나는 환경문제에 대한 관심도 높지만 그중에서도 우리나라 환경문제를 이해하기 위해 우리나라 작가가 쓴 책을 읽고 토론하거나 작가의 이야기를 직접 들을 수 있는 강좌도 늘어났다. 그런데 우리나라 환경책이 예전보다는 출간이 많이 되고 있지만 다른 분야의 책보다는 작가군이 많지 않고, 그중에서도 평일에 지방에 가서 강의를 할 수 있는 사람, 학교나 공공기관에서 섭외할 정도로 강의 경력을 갖춘 사람은 매우 드물다.

강의 내용도 중요하다. 대개 환경강의는 현재 지구촌에서 벌어지는 무거운 주제로 시작해서 공포스럽거나 우울해지는 주제를 이야기하면서 정부나 기업에 대해 비판하거나 우리가 해야 할 몫에 대해 강조하는 경우가 많다. 이런 강의를 듣고 나면 마음만 무거워지고 과연 해법이 있을까 도리어 자포자기하거나 외면하고 싶은 기분이 들곤 했다.

그렇다면 내 강의는 다른 방식으로 하자. 우리에게 닥친 환경문제에 대한 이해는 하되, 우리나라 또는 세계 사람들이 어떻게 이 문제를 해결하기 위해 노력하는가, 우리는 지금부터 무엇을 하면 좋을까에 대한 이야기를 나눈다. 환경강의는 우리가 함께 힘과 지혜를 모으면 해결 가능하다는 희망을 이야기하고 싶다.

중요한 것은 실천! 직접 행동하는 것이 중요하다. 나 혼자 실천해서 되겠냐는 둥 분리배출해봐야 다 섞어서 가져가더라는 둥 비관적인 이야기도 많지만 가정에서, 학교에서, 직장에서 열심히 꼼꼼하게 실천해야 새로운 방법을 궁리하게 되고, 더 편리한 방법을 찾게 된다. 환경 실천이 소비자에게 부담을 많이 준다면 제품을 생산하는 기업에 요구하고, 법과 제도를 만드는 정치인과 공공기관에도 좋은 정책을 제안하게 되는 것이다. 학생들에게 또는 강의를 듣는 수강생들에게 다양한 질문을 던지는 것도 중요하다. 주입식 강의가 아니라 스스로 환경문제에 대해 생각하고 상상력을 키울 수 있게 돕는 것이 좋다.

보통 작가가 자신의 책에 대해 이야기하는 북콘서트나 작가와의 만남에서는 이 책을 어떻게 쓰게 되었고, 작가로서 어떤 보람과 감동을 느끼는지 등 책을 쓴 과정이나 작가의 감성에 대한 이야기를 많이 나누곤 한다. 그러나 나는 그런 얘기보다는 우리가 알아야 할 환경문제를 이야기하는 환경교육에 초점을 맞추고 있다.

이런 이야기를 하면 강의를 듣는 학생들이나 청중들도 자신이 경험한 환경문제, 어떤 실천을 하고 있고 어떤 고민을 하고 있는지에 대한 다양한 이야기를 나누게 된다. 내 책을 읽어달라기보다는 환경문제에 더욱 관심을 가지고 지금보다 더 나은 미래를 함께 만들어가자는 것이 내 강의의 주제이다.

초기에 강의 요청은 주로 서울이었다. 환경단체와 지역모임, 생협모임 등에서 저자 강의 요청을 했다. 이어서 서울과 경기도의 학교에서 강의 요청이 오기 시작했다. 주로 중학교가 많은 편이었다. 아마도 내 책이 중학교 수업에 활용하기 쉽고, 책 내용 중 일부가 중등 국어 교과서에 실리면서 학교에 홍보가 많이 된 것이다.

그 후 강의 요청은 부산과 광주, 인천, 대구 같은 광역시의 학교로 넓어지더니 수원과 춘천, 울산, 순천, 익산 같은 대도시로 조금씩 넓어졌다. 그리고 여러 해가 지나자 농촌 면 단위의 작은 학교나 어촌 지역에서도 연락이 왔다. 우리나라에서 책이 차츰차츰 어떻게 알려지는지 느낄 수 있었다.

작가와의 만남 행사를 준비하는 학교 프로그램도 개성이 넘친다. 어떤 학교는 환경 동아리나 독서 동아리에서 이 행사를 학생들이 직접 준비했다. 사회자와 방송장비 엔지니어, 사진 촬영, 준비물 담당 등을 학생들이 나눠서 맡고, 현수막을 직접 예쁘게 만들거나 강의가 열리는 도서관을 책 관련 내용이나 환경수업 결과물로 꾸미는 일도 했다. 책을 읽고 궁금한 점을 메모지에 적어서 질문판을 만들고, 질문의 종류별로 '고급 질문'

과 '평범한 질문'을 나누는 것도 학생들이 진행했다.

어떤 학교에서는 환경강의에 앞서 환경연극을 하고 환경퀴
즈를 진행하고, 학생들이 만든 영상을 함께 보는 시간도 가졌
다. 약간 서툰 점이 있더라도 친구들이 직접 진행을 하니 학생
들은 너무나 즐거워했다. 준비하고 고민하고 진행하는 이 모든
과정이 학생들에겐 좋은 교육이자 잊지 못할 경험이 된 것 같
아 함께하는 나도 즐거웠다. 물론 이 과정에서 담당 선생님의
추진력과 노고가 매우 중요했다는 것도 엿볼 수 있다.

보통 두 시간가량의 강의를 마치면 작가 사인회가 시작된
다. 학생들은 사인회 시간을 가장 즐거워하는 것 같다. 유명 연
예인도 아닌데 줄을 길게 서서 한참을 기다리더라도 사인을 받
으려고 한다. 귀엽다. 수백 명이라도, 내 팔이 부러지는 한이
있더라도 사인은 정성껏 해줘야지. 학생들의 이름을 하나하나
물어가면서 적어주고, 오늘 강의에 대한 소감과 어떤 과목을
좋아하는지 등 가벼운 질문도 해본다.

마산의 어느 학교에서는 사인회를 마칠 무렵 담당 선생님이
두꺼운 책을 선물로 주셨다. 오잉, 이게 뭘까? 책장을 넘겨보
니 아이들이 내 책을 읽고 쓴 독후감을 책으로 엮은 것이었다.
수업 시간에 미리 작가에게 독후감 겸 편지를 쓰는 프로그램을
진행했단다. 아니, 이런 놀라운 선물이라니…. 학생들이 또박
또박 자신의 생각을 적은 편지가 너무나 감동이었다. 이 책은

우리 집 보물 1호로 지정되었다. 오래오래 보관하리라.

경기도 청평의 어느 중학교에서는 학생이 수줍게 다가와 액자를 선물로 건넸다. 인터넷에서 찾은 내 사진을 보고 열심히 그림으로 그렸다면서 내 초상화를 주었다. 아니, 인기 연예인도 아닌데 이런 놀라운 선물이라니…. 쑥스럽지만 너무 재밌다. 초상화를 그리기 위해 얼마나 애를 썼을까? 강의 도중에 내 얼굴을 그렸다면서 작은 종이를 내미는 초등학생도 너무 귀엽고, 어떤 어린이가 준 편지봉투를 뜯어보니 사탕과 껌, 연필로 쓴 선물 쿠폰이 우르르 쏟아졌다.

강의는 늘 부담스럽고 힘들지만 이런 감동이 있어서 전국으로 강의를 하러 다닌다. 환경교육에 아주 열정적인 선생님들과 얘기하는 즐거움도 있고, 책을 집필하고 싶은 꿈을 가진 분들과 강의 후에 수다를 떠는 즐거움도 좋다.

작가는 자신이 하고 싶은 이야기를 책에 충분히 담았으므로 책을 읽으면 쉽게 이해할 수 있다. 그러나 작가와 독자가 직접 만나서 더 궁금한 이야기, 책 너머의 이야기까지 나누는 시간도 의미 있다. 어떤 형식이든 곳곳에서 다양한 환경교육이 이루어지고 환경문제를 함께 해결할 수 있었으면 좋겠다. 더 이상 환경책이 필요 없는 그날을 위해…!

환경강의를 알리는 아기자기한 홍보물과 빼곡한 질문들.
강의실 입구부터 기분이 좋다.

학생들이 내 책을 읽고 독후감 편지를 써서 만들어준 두꺼운 책,
그리고 내 초상화. 이런 감동의 선물이라니.

# 때론 로그아웃이
# 필요해

창고의 짐을 정리하다가 낡은 상자 하나를 꺼냈다. 어릴 적부터 받은 편지를 모아둔 정말 오래된 상자이다. 고등학교 자취방부터 시작해서 수많은 이사를 하면서도 이고 지고 다녔던 소중한 기록물이자 나의 역사이다. 종이 상자가 너무 낡아서 아무래도 튼튼한 새것으로 바꿔야 할 것 같다. 편지를 하나하나 꺼내서 보니 옛 생각이 몽글몽글 피어올랐다.

소식을 자주 주고받았던 친한 친구부터, 이 친구에게 편지를 받은 적도 있었구나 싶을 정도로 기억에서 사라진 친구도 있다. 군 입대한 친구에게 받은 편지도 있고, 국군 아저씨에게 위문편지를 썼다가 받은 답장도 여러 장 있다. 맞아, 그땐 그런

적이 있었지.

중학교 때 담임선생님에게 받은 애정 가득한 엽서도 여러 장이고, 옆반 담임이었던 수학 선생님에게 받은 엽서도 있다. 방학이 시작되는 종업식이면 선생님은 칠판에 댁의 주소를 크게 써주면서 편지를 쓰라고 했다. 방학이라고 해봐야 겨우 한 달 남짓인데, 선생님에게 안부편지를 써야 할 정도로 그땐 까마득하게 긴 시간이라고 생각했다. 하긴 학교에서 날마다 보던 사이인데 한 달씩이나 떨어져 있으니 소식이 궁금했을 것 같기도 하지. 중학교 3년 동안 담임이셨던 우리 선생님에게 받은 첫 엽서엔 나를 이렇게 표현하고 있다. 중1답지 않게 점잖고 말이 없다고…. 담임샘이 보기엔 내가 그랬구나. 지금은 수다쟁이인데, 크크크….

"또르르르르…."

"와아, 우체부 아저씨다!"

저 멀리 마을 입구에서 오토바이 소리가 들렸다. 우리 고향 마을은 뒤로는 낮은 산이 둘러싸고 있고, 앞으로는 드넓은 논밭이 펼쳐진 곳에 옹기종기 모여 사는 전형적인 농촌마을이다. 어릴 적 우리 마을에 찾아오는 사람들 중에서 가장 반가운 이는 우체부 아저씨였다. 오늘은 편지의 답장이 올까, 새로운 소식이 오지 않을까, 외부의 소식을 전해주는 우체부 아저씨가 너무너무 기다려졌다. 요즘으로 치면 택배를 기다리는 심정이

랄까?

오토바이 소리가 점점 커지면서 우리 집 마당까지 들어오면 가슴이 콩닥콩닥 뛰었다. 오토바이 소리가 골목 어딘가를 맴돌다 저 멀리 사라지면 몹시 아쉬웠다. 편지를 쓰지 않았으니 답장이 올 리도 없지만 괜히 바깥세상의 새로운 소식을 기다리곤 했다. 우체부 아저씨는 집집마다 번지와 이름을 다 기억하고 있었고, 간혹 주소를 잘못 썼거나 이름을 잘못 써도 '박○○'라고 적혀 있으면 우리 집으로 우편물을 배달해주었다. 우리 마을에 박씨 성을 가진 집은 몇 곳 되지 않고 서로 친척이라는 걸 알고 있으니 말이다.

오래된 편지 상자에는 정말 잊고 살았던 기억들이 팡팡 터져 나왔다. 까마득하게 잊고 살았던 기억이 되살아나 뭉클해지기도 하지만, 내 인생에서 지워버리고 싶었던 순간이 생각나 얼굴이 화끈거리기도 했다. 어떤 편지는 손발이 오그라드는 부끄러움이 밀려오기도 했다. 이건 정말 내 인생의 흑역사다 싶을 만큼….

중요한 기록도 발견했다. 고등학교 때부터 자취생활을 하면서 여러 집으로 이사를 많이 다녔는데, 옛 자취방의 주소를 다 잊어버렸다. 한 번쯤 다시 가보고 싶은 곳인데…. 그런데 편지 상자를 보니 옛 자취방 주소로 받은 편지들이 꽤 많았다. 내가 살았던 그 자취방들은 얼마나 달라졌을까? 언젠가 추억여행을 떠나야겠다. 정말 내 인생의 소중한 기록물이다.

오래된 편지더미 가운데 내 인생에서 가장 처음에 받은 편지를 찾아보았다. 가장 오래된 편지는 1983년에 받은 두 통의 편지였다. 이웃마을 성평리에 사는 친구 이순녀에게 받은 편지와, 죽안못이 있는 마을에 사는 고모할머니의 딸 엄명자에게 받은 편지였다. 과연 어느 편지가 더 오래된 걸까? 순녀의 편지는 1983년 1월 10일이고 명자의 편지는 1983년 3월 9일로, 순녀의 편지가 가장 오래되었다. 순녀가 사는 성평리는 우리 마을 옆이라 20여 분이면 걸어갈 수 있는데, 편지를 주고받았던 것이다. 그렇게 순수한 시절이 있었다. 아쉽게 탈락한 엄명자는 친척이지만 초등학생 때 이후로는 연락한 적이 없어서 정말 까맣게 잊고 살았다.

첫 편지를 받은 1983년 1월은 초등학교 4학년 겨울방학이었다. 두 편지엔 공통으로 내가 보낸 편지를 잘 받았다는 말이 있는 것으로 봐서 내가 먼저 편지를 써서 답장을 받은 모양이다. 내 이름이 적힌 첫 편지를 받고 얼마나 신기하고 설렜을까? 어쨌든 내가 먼저 친구들과 소통하려고 했던 적극적인 아이였다는 걸 엿볼 수 있다. 또 편지 상자에 이만큼 받은 편지가 많다는 건 그만큼 나도 많이 썼다는 증거겠지. 약간 친하거나 어색했던 친구도 편지를 주고받으면 한결 더 친해진 것 같았다.

이것이 바로 편지의 힘이지.

책을 출간하고 나면 출판기념회나 환경교육 등에서 독자들을 만나는 일이 종종 있다. 독자들을 만날 때면 가장 많이 받는 두 가지 질문이 있다. 수많은 책 중에 왜 환경책을 쓰게 되었는가와, 작가가 되기 위해 글쓰기 연습을 어떻게 했는가이다. 어릴 때부터 환경에 관심이 있었고 환경단체 활동가가 되면서 환경 현장에서 일어나는 일을 글로 전하는 일을 하다 보니 환경책을 쓰게 되었다. 그리고 글쓰기 연습은 중·고등학교 시절에 일기를 꼬박꼬박 아주 열심히 쓰고, 편지도 많이 쓰면서 자연스럽게 했다.

일기는 누군가에게 보여주는 게 아니니 내 맘대로 자유롭게 글로 표현하는 연습이 되었고, 편지는 상대방에게 내 생각을 정리해서 전달하는 훈련이 되었다. 생각의 요점을 정리하는 훈련이랄까. 이렇게 꾸준히 글을 쓰고 다양한 책을 풍부하게 읽으면서 누구나 자신의 생각을 표현하고 생각의 힘을 기르는 법을 배우면 좋겠다.

지금도 나는 손으로 꾹꾹 눌러 쓴 편지를 받는다. 대개 초등학생이거나 중학생인 책의 독자들이다. 환경책을 읽고 독후감 겸 편지를 쓴 것이다. 학생 독자들을 만나러 학교에 가면 반 전체 또는 학년 전체가 쓴 편지더미를 받기도 한다. 귀여움과 엉뚱함으로 똘똘 뭉친 아이들의 편지를 읽는 건 언제나 즐겁다. 직접 만나러 찾아갔으니 답장은 하지 않아도 되는 편지들이다. 다행히도 흐흐흐….

편지를 쓴다는 건 소식이나 마음을 전하고, 서로 소통한다는 것이다. 요즘은 편지보다 더 빠른 메일을 쓴다. 편지를 써서 보내고 기다릴 여유가 없다. 날마다 메일이 오고 받은 메일은 빨리 읽고 답메일을 써야 한다. 메일을 곧 읽지 않으면 전화가 오거나 문자가 온다. 왜 빨리 확인하지 않느냐고 무슨 일 있느냐고…. 그건 나도 마찬가지이다. 금요일 오후에 보낸 메일을 월요일까지 읽지 않으면 궁금하다 못해 화가 날 때가 있다. 업무용 메일은 출근해서야 열어본다는 걸 알지만 말이다.

SNS 시대는 더 빨라졌다. 내 SNS 계정에 글을 올리자마자 '좋아요'를 누르는 이가 있고, 곧바로 댓글 반응이 달린다. 너무 빨라서 가슴이 철렁할 때가 있다. 이런 댓글이나 메시지도 관리해야 한다. 자신이 쓴 댓글에 왜 답을 하지 않느냐고 섭섭해하니까. 카카오톡의 독촉은 더 심하다. 실시간 같이 의논해야 하는데 한두 명이 답을 하지 않으면 매우 답답해하고, 읽고도 답을 하지 않는 '읽씹'을 해버리면 혼자만의 서운함을 넘어 인간관계의 문제라고 여긴다. 너라는 사람은 읽씹을 습관처럼 하는 무심한 인간이자 불통의 인간이라고 낙인찍어버린다.

'디지털 다이어트'라는 말도 생겼다. 메일함에 쌓인 읽지 않은 메일을 빨리빨리 읽어서 보관하거나 삭제하는 등 깔끔하게 처리하고, 읽지 않는 광고성 메일은 수신 거부를 하는 등 정리가 필요하다는 것이다. 핸드폰이나 컴퓨터 폴더에 가득한 사진도 어지럽게 모아만 두지 않고, 주제별 방을 만들어 정리하거나 지울 건 깔끔하게 지우는 다이어트가 필요하다. 메일함에 읽지 않은 메일을 유지하기 위해 데이터센터에서 에너지를 계속 쓰게 되고, 핸드폰이나 컴퓨터에 들어 있는 수많은 자료들도 결국 에너지를 써서 만든 것이니까.

내가 원하지 않아도 날아오는 광고성 메일, 스팸 문자, 나와 전혀 상관없는 물건 광고 등을 확인하고 지우는 아무 의미 없는 일에도 에너지를 써야 한다. 실시간으로 메시지를 주고받고 실시간 새로운 뉴스를 확인하면서 우리는 늘 로그인이 되어 있다. 그것이 필요한 정보이든 그렇지 않든 늘 쏟아지는 정보 속에 우두커니 서 있다. 복잡한 세상 소식에 심한 피로감이 들 때면 잠시 세상으로부터 로그아웃을 하고 싶다. 로그아웃이 필요한 순간은 요즘 들어 더 자주, 더 빨리 찾아오곤 한다. 누군가를 생각하면서 꾹꾹 눌러쓴 손편지, 내 소식을 전하고 상대방의 안부를 묻는 아주 평범하고 일상적인 내용일지라도 한 사람에 집중하고 정성을 기울이는 그 시절의 정서가 때론 그립다. 예전처럼 내가 손편지를 써서 보내면 어떨까 하고 친구에게 물었다. 그러자 이런 답이 왔다.

"어휴, 부담스럽다. 그냥 카톡 보내"

흐흐흐. 세상은 변하고 사람들의 정서도 달라졌다.

어릴 때부터 받은 편지를 모아둔 상자. 상자를 열자 꼭꼭 숨겨두었던
비밀이 쏟아지듯 오래된 기억들이 되살아났다.

내 인생에서 처음으로 받은, 친구 이순녀의 편지.

학교 선생님에게 받은 엽서.
그 시절에는 방학 때마다 선생님과 편지를 주고받았다.

# 이 번  생 은  초 록 빛

ⓒ 박경화, 2024

초판 1쇄 인쇄  2024년 11월 1일
초판 1쇄 발행  2024년 11월 8일

지은이 박경화
펴낸이 이상훈
편집 이윤주
마케팅 김한성 조재성 박신영 김효진 김애린 오민정
펴낸곳 (주)한겨레엔 www.hanibook.co.kr
등록 2006년 1월 4일 제313-2006-00003호
주소 서울시 마포구 창전로 70(신수동) 화수목빌딩 5층
전화 02-6383-1602~3 팩스 02-6383-1610 대표메일 book@hanien.co.kr

ISBN 979-11-7213-151-7 (03300)